藥師經

약사경

초판 발행 • 2007년 11월 23일
재판 발행 • 2019년 10월 15일

옮긴이 • 청화淸華
엮은이 • 성적

펴낸이 • 박주환
펴낸곳 • 광륜출판사
전화 • 02-956-5555, 954-6437 팩스 • 02-955-2112
주소 • 서울시 도봉구 도봉산길 86-1 (구 도봉1동 401번지)
편집디자인 • Design Amita 디자인 아미타

ISBN 978-89-954017-5-0 03220

정가 10,000원

약사경

청화 옮김

광륜출판사

무주당 청화 無住堂 淸華

- 1947년 24세에 백양사 운문암에서 금타화상을 은사로 출가하셔서
- 출가이후 50여년동안 사성암, 벽송사, 백장암, 상견성암, 상원암, 남미륵암, 칠장사 등에서 수행정진하셨다.
- 1985년 전남 곡성군 동리산 태안사에서 3년결사를 시작으로 회상을 이뤄 대중교화의 인연을 지으시고
- 1995년까지 태안사를 중창복원하여 구산선문 중 하나인 동리산문을 재건하셨다.
- 미주포교를 위해 카멜 삼보사, 팜스프링스 금강선원 등을 건립하여 3년결사를 지내시고
- 조계종 원로위원, 성륜사 조실을 지내셨다.
- 2002년 5월5일 서울 도봉산 광륜사를 개원하시고
- 2003년 세납 80세, 법납 56세에 열반에 드셨다.
- 스승이신 금타존사의 유고를 정리하여 「금강심론」을 편저하셨으며, 법어집으로 「정통선의 향훈」, 「원통불법의 요체」, 「마음의 고향」, 「가장 행복한 공부」 등이 있고 역서로 「정토삼부경」, 「약사경」, 「육조단경」 등이 있다.

머리말

한량 없는 지혜공덕을 원만히 갖추신 법신(法身)부처님의 자비광명은 언제나 온누리에 충만해 있습니다. 그래서, 때로는 석가모니 부처님같으신 화신(化身)부처님의 몸을 나투어 중생의 무명(無明)을 일깨우시고, 때로는 관세음보살의 자비로 제도하시고, 또는 문수보살의 지혜로 타이르시며, 더러는 금강명왕(金剛明王)의 매서운 분노의 채찍으로 조복(調伏)하시고, 영생(永生)과 안락의 고향인 극락세계로 인도하신 경우에는 아미타불의 대자대비로써 섭수(攝受)하시는 것입니다.

그런데 특히 고해(苦海)중생의 병고(病苦)와 빈궁과 재난을 구제하여 성불(成佛)의 길로 나아가게 함을 서원(誓願)하신 부처님은 약사여래(藥師如來)부처님이십니다.

그래서 우리나라를 비롯하여 중국(中國)·서장(西藏)·일본(日本) 등 약사경(藥師經)이 전래(傳來)된 나라마다, 일체 재난과 질병의 소멸을 위하여, 개인 또는 국가적으로 약사여래를 신앙하고 그 기도법(祈禱法)을 지성으로 신수봉행(信受奉行)하였던 것입니다.

이렇듯 중생제도의 인연을 따라서 여러 부처님과 보살들로 그 이름과 모습을 달리 하지만, 실제로는 진여불성(眞如佛性)인 동일한 법신(法身)부처님의 중생구제의 화도(化道)에 따른 부사의한 선교방편(善巧方便)의 행상(行相)이십니다.

그러기에 어느 부처님이나 *보살(菩薩)들의 가르침은 다 한결같이 중생의 무명과 고난의 해탈을 그 구경목적으로 하지 않음이 없습니다.

그런데 현대 산업사회는 여러 방면으로 위기와 재난이 도사리고 있으며, 그래서 온갖 공해와 질병과 화난(禍難)은 무상(無常)한 인생고해의 불안과 공포를 한결 심각하게 하고 있습니다.

그러기에 유별히 중생의 모든 병고와 재난의 구제를 위주하여 근본 서원으로 발원하신 약사여래(藥師如來) 부처님의 거룩하신 비원(悲願)에 새삼 찬탄과 감사의 합장을 올리지 않을 수 없습니다.

그리고 어느 경전을 읽을 때마다 우리 중생들의 영원한 생명의 실상(實相)인 부처님을 생각하고 그 명호(名號:이름)를 부르며 그 가르침에 따르는 신행(信行)은 필경 진정한 자아(自我)로 돌아가고 일체 고난을 해탈하는 이루 헤아릴 수 없는 공덕이 있음을 사무치게 절감하게 되는 것입니다.

이제, 약사여래(藥師如來) 부처님의 거룩하신 서원과 그 공덕을 말씀하신 「약사유리광칠불본원공덕경(藥師瑠璃光七佛本願功德經)」을 고해중생(苦海衆生)에게 널리 반포(頒布)하여 모든 중생들의 번뇌와 병고를 구제하고, 불은(佛恩)의 만(萬)에 하나라도 보답하고자, 삼가 번역의 미성(微誠)을 바치는 바입니다.

약사경

나무 약사유리광여래불!
나무 석가모니불!
나무 본사 아미타불!

1981년 7월 백중
지리산 백장암 금강대에서
비구 청화 합장

일러두기

1. 한문 번역은 문단(文段)의 구분이 없는 연면한 문체로 연결되어 있으나, 한글 번역에는 해독(解讀)의 편의를 위하여 적당한 장절(章節)로 나누어 번역하였다.

2. 경전에서 말씀하신 바 약사여래 기도(祈禱)를 모실 경우, 칠불여래 칠위(七位)의 불상(佛像)을 조성하기가 어려울 때는 약사여래 부처님의 화상(畵像) 일곱 장을 복제(複製)하여 액자로 모시고, 불상에 *사리(舍利)를 모시는 데에도 진신(眞身)사리를 구하기가 어려우니, 법신(法身)사리를 대신하되, 법신사리(法身舍利) 곧 법신게(法身偈)를 써서 각기 부처님 화상의 액자마다 넣어서 모셔도 좋을 것이다.

법신게(法身偈)

제법종연생(諸法從緣生)
역종인연멸(亦從因緣滅)
아사대성주(我師大聖主)
시아여시설(是我如是說)

3. 어려운 불교 술어는 그 낱말의 왼편에 * 표로 표시하고, 책 끝부분의 '용어해설'에서 가·나·다 순으로 이를 풀이하였다.

차례

머리말 · 6

일러두기 · 10

약사유리광칠불본원공덕경|藥師瑠璃光七佛本願功德經 · 17

제1편 약사유리광칠불본원공덕경(상권)

제1절 설법의 인연 • 19

제2절 칠불여래(七佛如來) 부처님의 서원(誓願) • 22

  1. 선명칭길상왕여래(善名稱吉祥王如來)의 8서원(誓願) • 22

  2. 보월지엄광음자재왕여래(寶月智嚴光音自在王如來)의 8서원(誓願) • 27

  3. 금색보광묘행성취여래(金色普光妙行成就如來)의 4서원(誓願) • 33

  4. 무우최승길상여래(無憂最勝吉祥如來)의 4서원(誓願) • 38

  5. 법해뇌음여래(法海雷音如來)의 4서원(誓願) • 42

  6. 법해승혜유희신통여래(法海勝慧遊戲神通如來)의 4서원(誓願) • 46

  7. 약사유리광여래(藥師瑠璃光如來)의 12서원(誓願) • 49

제2편 약사유리광칠불본원공덕경(하권)

제3절 정유리세계(淨瑠璃世界)의 공덕장엄 • 55

제4절 약사유리광여래(藥師瑠璃光如來)의 위신력(威神力) • 57

1. 탐욕의 과보와 그 해탈 • 57

2. 삿된 소견의 과보와 그 해탈 • 58

3. 고뇌의 해탈 • 60

4. 악연(惡緣)의 소멸 • 61

5. 극락세계와 천상에 태어남 • 62

6. 병고의 소멸 • 63

7. 중생의 고난을 소멸하는 다라니[神呪] • 64

제5절 칠불여래(七佛如來)와 그 경전의 공양 • 66

제6절 문수사리(文殊師利)의 서원 • 67

제7절 칠불여래(七佛如來) 기도법식과 그 공덕 • 69

제8절 아난의 믿음 • 72

제9절 구탈보살(救脫菩薩)의 해설 • 75

제10절 칠불여래(七佛如來) 기도법의 해설 • 77

제11절 나라의 재난을 없애는 법 • 79

제12절 구횡사(九橫死) 벗어나는 길 • 81

제13절 십이야차(十二夜叉)대장의 맹세 • 84

제14절 칠불여래(七佛如來)의 나투심 • 86

제15절 대중의 찬탄공양과 서원 • 88

제16절 문수사리(文殊師利)의 간청 • 90

제17절 여래정력유리광신주(如來定力瑠璃光神呪) • 92

제18절 집금강보살(執金剛菩薩)과 천신(天神)들의 서원 • 96

제19절 집금강보살(執金剛菩薩)의 신주(神呪) • 99

제20절 칠불여래(七佛如來) 부처님의 호념과 부촉 • 102

제21절 경전의 이름과 대중의 환희 • 104

제3편 漢文 藥師瑠璃光七佛本願功德經 • 106

용어해설 • 149

약사유리광칠불본원공덕경

藥師瑠璃光七佛本願功德經

제1편

약사유리광칠불 본원공덕경 상권

藥師瑠璃光七佛本願功德經 上卷

제1절. 설법의 인연

이와 같이 내가 들었다.

어느 때 부처님께서 여러 나라를 다니시며 교화하시다가, 비사리(毘舍離)국의 광엄성(廣嚴城)에 이르시어, 악음수(樂音樹)아래에서 덕망이 높은 비구 팔천인과 거룩한 보살들 삼만 육천인과 함께 계셨다.

그런데 그들의 이름은 문수사리보살·미륵보살·대혜보살·명혜보살·산봉보살·변봉보살·지묘고봉보살·불공초월보살·미묘음보살·상사유보살·집금강보살들이었으니, 이러한 위대한 보살들이 우두머리가 되었었다.

그리고 여러 국왕과 대신·*바라문·거사와 천신(天神)들과 용 등 *팔부 신중(神衆)과 사람 및 사람아닌 것 등 헤아릴 수 없는 대중에게 공경히 둘러싸여 설법하셨다.

그 부처님의 가르침은 한결같이 선량하고 뜻이 오묘하여 순

수하고 원만하였는데,이렇듯 청정 결백한 진리를 보이고 가르치고 이롭고 기쁘게 하시어, 모든 이로 하여금 미묘한 수행과 원력을 갖추어 위없는 진리에 나아가게 하셨다.

그 때 *문수사리법왕자보살이 부처님의 *위신력을 받들어, 자리에서 일어나 바른 어깨를 벗어메고 무릎을 꿇고 공경히 합장하여 부처님께 사뢰어 말하였다.

"세존이시여, 지금 헤아릴 수 없는 인간과 천신들이 법문을 듣기 위하여 모두 구름같이 모였습니다. 부처님께서는 처음 발심하신 때로 부터 지금에 이르기까지 헤아릴 수 없는 오랜세월 동안에 여러 부처님 세계를 보셨사옵기에 알지 못한 일이 없으시니, 원하옵건대 저희들과 다음 *상법(像法)세상의 중생들을 위하여, 여러 부처님의 명호(名號)와 본래의 서원공덕과 국토의 장엄과 교묘한 방편의 차별상(差別相)을 말씀하시어, 모든 듣는 이로 하여금 업장을 소멸하고 진리에서 물러나지 않게 하옵소서."

이에 부처님께서는 문수보살을 칭찬하여 말씀하셨다.

"참으로 갸륵하도다. 그대는 큰 자비로써 헤아릴수 없는 업장 중생의 온갖 질병과 근심과 슬픔과 괴로움을 가엾이 여기고 그들을 안락하게 하기 위하여, 나에게 여러 부처님의 명호와 본래의 서원공덕과 국토의 장엄을 말하여 주기를 청한 것이다.

이것은 여래(如來)의 *위신력(威神力)으로 말미암아 이런 물음을 하게 되었나니, 그대는 착실히 듣고 잘 생각하여라. 마땅히 그대들을 위하여 말하리라."

문수보살은 여쭈었다.

"바라옵건대 말씀하여 주옵소서. 저희들이 듣고 싶어 하옵니다."

제2절. 칠불여래(七佛如來) 부처님의 서원(誓願)

1. 선명칭길상왕여래(善名稱吉祥王如來)의 8서원(誓願)

부처님께서는 문수보살에게 말씀하셨다.

"여기에서 동쪽으로 사(四) *항하사 수와 같은 많은 국토를 지나 한 세계가 있으니, 이름은 광승(光勝)이요 그 부처님의 명호는 선명칭길상왕여래(善名稱吉祥王如來)인데 그 공덕의 이름은 *응공(應供)·*등정각(等正覺)·*명행족(明行足)·*선서(善逝)·*세간해(世間解)·무상장부(無上丈夫)·*조어사(調御士)·천인사(天人師)·불(佛)·*세존(世尊)이시니라.

그런데 지금 무수억의 *불퇴(不退)보살들에게 둘러싸여 칠보(七寶)로 신묘하게 장엄된 *사자좌(獅子座)에 앉아 법을 설하고 계시느니라.

문수사리여, 그 국토는 청정하고 장엄하여 가로와 세로가

백천 *유순(由旬)이나 되고 *염부단금(閻浮檀金)으로 된 그 땅은 평탄하고 부드러운데 향기로움이 마치 천상의 향과 같으며, 모든 나쁜 갈래[惡道]와 여인(女人)이란 이름조차 없고 또한 기왓조각과 자갈과 가시덤불 등이 없으며, 보배나무가 줄을 지었고 꽃과 과일이 번성하며, 목욕하는 못이 곳곳에 있는데 모두가 금·은과 진주 등 온갖 보배로 둘레를 쌓았느니라.

문수사리여, 그 국토에 있는 보살들은 모두 칠보(七寶) 연꽃 속에 *화생(化生)하였나니, 그러므로 청정한 믿음이 있는 선남자(善男子)나 선여인은 누구나 다 그 국토에 태어나기를 원하느니라.

문수사리여, 그 부처님 곧 여래·응공·정등각은 처음 발심하여 *보살도를 수행할 때로 부터 여덟 가지 큰 서원을 세웠나니, 무엇을 여덟 가지라 하는가 하면,

첫째 큰 서원은 내가 다음 세상에 위없는 *보리(菩提)를 *증득할 때, 만약 중생이 모든 병고가 몸에 핍박하여 열병·학질과 마귀의 홀림과 송장을 일으키는 귀신 등에 시달린 바 되었더라도, 능히 지극한 마음으로 나의 이름을 부른다

면, 그 힘으로 말미암아 있었던 병고가 모조리 소멸하고 마침내 위없는 보리(菩提)를 얻게 하리라고 서원한 것이요.

둘째 큰 서원은 내가 다음 세상에 보리(菩提)를 증득할 때, 만약 중생이 눈멀고 귀먹고 벙어리이거나 또는 문둥병 지랄병 같은 온갖 병에 시달릴지라도, 능히 지극한 마음으로 나의 이름을 부른다면, 그 힘으로 말미암아 모든 감관(感官)이 온전하고 일체 질병이 소멸하여 마침내 보리(菩提)를 성취하기를 원한 것이요.

셋째 큰 서원은 내가 다음 세상에 보리(菩提)를 증득할 때, 만약 중생이 탐·진·치(貪嗔痴)에 얽힌 바 되어 *무간죄(無間罪)와 가지가지의 나쁜 행위를 하며 바른 법을 비방하고 모든 선을 닦지 아니하여 응당 지옥에 떨어져 온갖 고통을 받게 되었더라도, 능히 진실한 마음으로 나의 이름을 부른다면, 그 힘으로 말미암아 무간죄와 모든 업장이 모조리 소멸하여 악도(惡道)에 떨어지는 중생이 없고, 언제나 인간과 천상의 수승한 안락을 받으며, 마침내 보리(菩提)를 성취하기를 원한 것이요.

넷째 큰 서원은 내가 다음 세상에 보리(菩提)를 증득할 때,

만약 중생이 의식(衣食)과 침구(寢具)와 *영락(瓔珞)과 재물(財物)·보배(寶貝)·향화(香華)와 풍악(風樂) 등이 결핍되었더라도, 능히 진실한 마음으로 나의 이름을 부른다면, 그 힘으로 말미암아 곤궁하였던 살림이 모두 풍족하게 되고, 마침내 보리(菩提)를 성취하기를 원한 것이요.

다섯째 큰 서원은 내가 다음 세상에 보리(菩提)를 증득할 때, 만약 중생이 어쩌다가 목에 씌우는 칼과 쇠사슬에 그 몸을 얽매이고 또한 매를 맞아 심한 괴로움을 받다가도, 능히 진실한 마음으로 나의 이름을 부른다면, 그 힘으로 말미암아 있었던 괴로움을 모두 해탈하고, 마침내 보리(菩提)를 성취하기를 원한 것이요.

여섯째 큰 서원은 내가 다음 세상에 보리(菩提)를 증득할 때, 만약 중생이 험악한 곳에서 여러 사나운 짐승들인 곰·사자·범·표범·이리 등과 독사·살무사 등의 침해를 받고 그 목숨이 끊어지려 하여 소리를 지르면서 심한 고통을 받다가도 능히 진실한 마음으로 나의 이름을 부른다면, 그 힘으로 말미암아 있었던 공포를 모조리 해탈하고 모든 사나운 짐승들도 다 자비심을 일으키며 항시 안락함을 얻고, 마침내 보리(菩提)를 성취하기를 원한 것이요.

일곱째 큰 서원은 내가 다음 세상에 보리(菩提)를 증득할 때, 만약 중생이 다투고 송사하는 것으로 인하여 못내 걱정하다가도, 능히 진실한 마음으로 나의 이름을 부른다면, 그 힘으로 말미암아 다투고 송사(訟事)하는 일들이 다 풀려 서로 자비한 마음으로 대하고, 마침내 보리(菩提)를 성취하기를 원한 것이요.

여덟째 큰 서원은 내가 다음 세상에 보리(菩提)를 증득할 때, 만약 중생이 강과 바다에서 모진 바람을 만나 배가 뒤집히려 하고 의지할 만한 섬 같은 것도 없이 사뭇 걱정하고 공포에 쌓였을지라도 능히 진실한 마음으로 나의 이름을 부른다면, 그 힘으로 말미암아 모두 마음 먹은대로 편안한 곳에 이르러 온갖 쾌락을 받고 마침내 보리(菩提)를 성취하기를 원한 것 등이니라.

문수사리여, 이러한 것이 그 부처님 곧 여래·응공·정등각이 보살도를 수행할 적에 세웠던 미묘하고 큰 여덟가지 서원이었느니라.

또한, 그 부처님은 처음 발심한 때로 부터 항상 선정(禪定)의 힘으로써 중생을 보리(菩提)에 나아가게 하고, 매양 여러 부처님께 공양하며 또한 그 국토를 청정하게 장엄하여 모든 권속이 한결같이 원만하며 그 복덕이 불가사의하므로, 일체 *성문(聲聞)이나 *독각(獨覺)으로서는 제아무리 많은 세월을 두고도 그 공덕을 이루 다 말하지 못하느니라. 그러나 여래나 *보처(補處)보살만은 그렇지 않느니라.

문수사리여, 만약 *청신사(清信士)와 *청신녀(清信女)와 국왕·대신이나 장자·거사가 마음속으로 복덕을 희망하여 모든 번뇌를 끊고 그 부처님의 이름을 부르며 이 경전을 읽고 진실한 마음으로 그 부처님을 존경하고 공양한다면, 있었던 일체 죄악과 업장과 온갖 병고가 다 소멸하고 모든 소원이 뜻대로 되지 않음이 없으며, 진리에서 물러나지 않는 불퇴전의 자리를 얻고, 마침내 보리(菩提)를 성취하게 되느니라.

2. 보월지엄광음자재왕여래(寶月智嚴光音自在王如來)의 8서원(誓願)

또한 문수사리여, 여기에서 동쪽으로 오(五)항하사 수와 같

은 많은 국토를 지나 한 세계가 있으니, 이름은 묘보(妙寶)
요 그 부처님의 명호는 보월지엄광음자재왕여래인데 그 공
덕의 이름은 응공·정등각으로서, 헤아릴 수 없는 수 많은
보살들에게 둘러싸여 지금 법을 설하고 계시나니, 그 가르
침은 한결같이 미묘하고 깊은 *대승(大乘)의 진리이니라.

문수사리여, 그 부처님은 처음 발심하여 보살도를 수행할
적으로 부터 여덟 가지 큰 서원을 세웠나니, 무엇을 여덟 가
지라 하는가 하면,

첫째 큰 서원은 내가 다음 세상에 보리(菩提)를 증득할 때,
만약 중생이 농업이나 상업을 영위하느라고 마음이 어수선
하여, 수승하고 선한 법인 진리를 수행하는 것을 그만 두고
하찮은 생활에서 헤어나지 못하여 제각기 그지없는 괴로움
을 받다가도 능히 지극한 마음으로 나의 이름을 부른다면,
그 힘으로 말미암아 의복·음식 등 생활 도구와 금·은 보
배가 소원대로 충족하며, 그들의 *선근(善根)이 더욱 자라
게 되고 또한 *보리심(菩提心)을 여의지 아니하여 모든 악
도의 괴로움을 모조리 해탈하며, 마침내 보리(菩提)를 성취
하게 하리라는 원이요.

둘째 큰 서원은 내가 다음 세상에 보리(菩提)를 증득할 때, 시방 세계에 있는 중생이 춥고 덥고 배고프고 목마름에 시달려 혹심한 괴로움을 받다가도, 능히 진실한 마음으로 나의 이름을 부른다면, 그 힘으로 말미암아 전생의 죄업이 다 소멸하여 모든 괴로움을 여의고 인간과 천상의 쾌락을 받으며, 마침내 보리(菩提)를 성취하기를 원한 것이요.

셋째 큰 서원은 내가 다음 세상에 보리(菩提)를 증득할 때, 만약 시방 세계에 있는 여인이 음욕을 탐내는 번뇌가 그 마음을 가리우고, 계속 임신하여 그 몰골이 몹시 밉상스러우며, 또한 해산(解産)할 적에는 혹심한 괴로움을 받다가도, 잠깐동안이나마 나의 이름을 듣거나 혹은 부르고 생각한다면, 그 힘으로 말미암아 모든 괴로움이 다 소멸하고 그 몸을 마친 뒤에는 항상 남자로 태어나며, 마침내 보리(菩提)를 성취하기를 원한 것이요.

넷째 큰 서원은 내가 다음 세상에 보리(菩提)를 증득할 때, 만약 중생이 혹 부모·형제·자매나 처자·권속이나 친구들과 같이 험악한 곳에서 도둑의 침해를 만나 온갖 괴로움을 받다가도, 잠깐동안이나마 나의 이름을 듣거나 혹은 부르고 생각한다면, 그 힘으로 말미암아 모든 고난을 해탈하고, 마침내 보리(菩提)를 성취하기를 원한 것이요.

다섯째 큰 서원은 내가 다음 세상에 보리(菩提)를 증득할 때, 만약 중생이 혹 밤에 무슨 사업을 영위할 적에 흉악한 귀신의 시달림을 받아 몹시 괴로워하다가도, 잠시동안이나마 나의 이름을 듣거나 혹은 부르고 생각한다면, 그 힘으로 말미암아 어두운 데서 환한 밝음을 만나며, 모든 흉악한 귀신도 자비한 마음을 내게 되고, 마침내 보리(菩提)를 성취하기를 원한 것이요.

여섯째 큰 서원은 내가 다음 세상에 보리(菩提)를 증득할 때 만약 중생이 나쁜 짓을 일삼아 *삼보(三寶)를 믿지않고 지혜가 모자라 좋은 법을 닦지 않으며 *근력(根力)·*각도(覺道)·*염정(念定)·*총지(總持)등 바른 행법(行法)을 모두 닦지 않다가도 능히 진실한 마음으로 나의 이름을 부른다면, 그 힘으로 말미암아 지혜가 점점 자라서 삼십칠조도품(三十七助道品)을 모조리 닦게 되고 삼보를 깊이 믿으며, 마침내 보리(菩提)를 성취하기를 원한 것이요.

일곱째 큰 서원은 내가 다음 세상에 보리(菩提)를 증득할 때, 만약 중생이 비열한 것을 좋아하여 *이승(二乘)의 법만을 수행하고 위없이 수승한 진리를 버리다가도, 능히 진실한 마음으로 나의 이름을 부른다면, 이승의 소견을 버리고 위없는 깨달음에서 물러나지 않게 되며, 마침내 보리(菩提)를 깨닫기를 원한 것이요.

여덟째 큰 서원은 내가 다음 세상에 보리(菩提)를 증득할 때, 만약 중생이 장차 *겁(劫)이 다하여 천지를 태우는 큰 불이 일어나려고 하는 것을 보고 사뭇 걱정하고 두려워하여 괴로워하고 슬퍼하는 것은 그 전생의 나쁜 업력으로 말미암은 까닭이니, 이와 같은 온갖 괴로움을 받고 의지할 데가 없다가도 능히 진실한 마음으로 나의 이름을 부른다면, 있었던 걱정과 괴로움이 모조리 소멸하여 청정한 안락을 누리고, 그 목숨이 다한 뒤에는 나의 불국토(佛國土)에 와서 연꽃 속에 화생(化生)하여 항상 좋은 법을 닦고, 마침내 보리(菩提)를 성취하기를 원한 것 등이니라.

문수사리여, 이러한 것이 그 부처님 곧 여래 · 응공 · 정등각이 보살도를 수행할 적에 세웠던 여덟 가지 미묘하고도 큰 서원이었느니라.

그리고 그 부처님이 계시는 국토는 광대하고 엄정하고 청정하며 평탄하기가 손바닥과 같고, 미묘한 천상의 향나무가 줄을 지었는데 천상꽃이 두루 만발하였으며, 항시 천상 풍악이 울리고 미묘한 천상 방울과 목탁이 곳곳마다 달렸으며, 천상의 보배로 부처님의 *사자좌를 장엄하였고 또한 천상 보배로 미묘한 목욕장의 둘레를 쌓았으며, 그 땅은 부드러워 모든 기왓조각과 자갈이 없고 거기에는 여인(女人)이나 일체 번뇌가 없이 모두가 물러나지 않는 지위에 이른 보살들만이 연꽃 속에 화생하였느니라. 그리하여 마음만 먹으면 음식, 의복과 모든 생활 도구가 뜻대로 그 앞에 나타나니 그러므로 이름을 묘보(妙寶)세계라 하느니라.

문수사리여, 만약 청신사·청신녀와 임금·왕자와 대신·왕후·궁녀들이 밤낮 여섯차례 동안 은근한 마음으로 그 부처님을 공경하며 공양하거나 그 이름을 부르며 또한 그 형상을 모셔놓고 향기로운 꽃이나 풍악(風樂)·*소향(燒香)·*말향(抹香)·도향(塗香)등을 받들어 올리며, 이렛 동안 청정하고 엄숙하게 *팔재계(八齋戒)를 지키면서 그 국토에 나기를 원한다면, 그 부처님과 모든 보살이 그를 *호념(護念)하시어 일체 죄업이 모조리 소멸하고 위없는 보리(菩提)에서 물러나지 않게 되며, 탐·진·치가 점차로 줄어지고 온갖 병고가 없어져 수명이 길어지며, 희망하는 일들이 모두 뜻대로 되고 다투던 원수가 다 좋아하고 기뻐하며, 그 몸을 마친 뒤에는 그 부처님의 국토에 가서 연꽃 속에 화생하고, 그 때에는 *정념(正念)과 *정정(正定)과 *총지(總持)를 모두 다 분명히 알게 되느니라.

문수사리여, 마땅히 이와 같이 알지니, 그 부처님의 이름과 한량없는 공덕을 듣게 되는 이는 그 소원을 모조리 이루지 못함이 없느니라.

3. 금색보광묘행성취여래(金色普光妙行成就如來)의 4서원(誓願)

또한 문수사리여, 여기에서 동쪽으로 육(六)항하사 수와 같은 많은 국토를 지나 한 세계가 있으니, 이름은 원만향적(圓滿香積)이요, 그 부처님의 명호는 금색보광묘행성취여래이시며 그 공덕의 이름은 응공·정등각이신데, 지금 헤아릴 수 없는 만 억의 보살들에게 둘러싸여 법을 설하고 계시느니라.

문수사리여, 그 부처님은 처음 발심하여 보살도를 수행할

적으로 부터 네 가지 큰 서원을 세웠나니, 무엇을 네 가지라 하는가 하면,

첫째 큰 서원은 내가 다음 세상에 보리(菩提)를 증득할 때, 만약 중생이 갖가지 살생하는 *업(業)을 지어 많은 생명을 죽이고 그 나쁜 업으로 말미암아 지옥의 괴로움을 받게 되었거나, 만약 사람으로 태어날지라도 수명이 짧고 병이 많거나, 혹은 물·불과 창·칼 등의 상해함을 만나 응당 죽을 지경에 처하게 되었다가도, 나의 이름을 듣고 진실한 마음으로 부르고 생각한다면, 그 힘으로 말미암아 있었던 나쁜 업이 모두 소멸하고 병없이 수명이 길어 잘못 죽음을 당하지 않으며, 마침내 보리(菩提)를 성취하기를 원한 것이요.

둘째 큰 서원은 내가 다음 세상에 보리(菩提)를 증득할 때, 만약 중생이 여러 악업을 지어 남의 재물을 훔치고 응당 악도에 떨어지게 되었거나, 만약 사람으로 태어날지라도 가난한 집에 나서 의식이 모자라 늘 갖은 괴로움을 받다가도 나의 이름을 듣고 진실한 마음으로 부르고 생각한다면, 그 힘으로 말미암아 있었던 악업이 모조리 소멸하고 의복과 음식이 모자라는 바가 없으며, 마침내 보리(菩提)를 성취하기를 원한 것이요.

셋째 큰 서원은 내가 다음 세상에 보리(菩提)를 증득할 때, 만약 중생이 서로 업신여겨 원수가 되었다가도 나의 이름을 듣고 진실한 마음으로 부르고 생각한다면, 그 힘으로 말미암아 제각기 부모처럼 자비한 마음을 내고 마침내 보리(菩提)를 성취하기를 원한 것이요.

넷째 큰 서원은 내가 다음 세상에 보리(菩提)를 증득할 때, 만약 중생이 탐·진·치에 얽힌 바 되었거나 집을 떠나 출가한 이와 집에 있는 남녀 등 *칠중(七衆)의 부처님 제자가 부처님이 제정한 계율을 범하여 많은 악업을 짓고 응당 지옥에 떨어져 갖은 괴로운 과보(果報)를 받게 되었다가도 나의 이름을 듣고 진실한 마음으로 부르고 생각한다면, 그 힘으로 말미암아 있었던 악업이 모조리 소멸하고 모든 번뇌가 끊어지며 공경히 계율을 받들어 몸과 입과 뜻이 잘 다스려지며, 마음이 다시는 물러나지 않는 불퇴전의 자리에 이르고, 마침내 보리(菩提)를 성취하기를 원한 것이니라.

문수사리여, 이것이 그 부처님 곧 여래·응공·정등각이 보살도를 수행할 적에 세웠던 네가지 미묘하고도 큰 서원이었느니라.

문수사리여, 그 부처님이 계시는 국토는 광대하고 엄정하고 청정하여 평탄하기가 손바닥과 같아서 모두 보배로 이루어졌고, 늘 향기가 풍기어 마치 신묘한 *전단향(旃檀香)과 같으며, 또한 향나무가 줄을 지었고 천상의 아름다운 영락과 *마니(摩尼)등 보배가 곳곳에 드리워졌으며, 여러 곳에 마련된 목욕장은 천상보배로 장엄하게 꾸며졌는데 향기로운 물이 가득하여 *팔공덕(八功德)을 온전히 갖추었고, 그 사방 변두리에는 미묘한 비단이 드리워졌으며, 팔방의 시가지는 곳곳마다 장엄찬란하고 거기 사는 중생들은 모든 번뇌와 걱정하고 슬퍼하는 괴로움이 없으며, 또한 여인(女人)이 없고 보리(菩提)에서 물러나지 않는 불퇴전의 자리에 오른 보살들이 헤아릴 수 없고, 신묘한 풍악이 저절로 울리어 미묘한 대승법을 아뢰니, 만약 중생이 그 소리를 듣는다면 위없는 보리(菩提)에서 물러나지 않게 되느니라.

문수사리여, 그 부처님은 전생의 원력과 교묘한 방편으로써 원만하고 장엄한 불국토를 이룩하시고 보리(菩提)의 자리에 앉아 생각하시기를 '미래세의 모든 중생들은 탐·진·치에 얽힌 바 되고 갖은 병고에 시달리며, 원수가 기회를 노리고 혹은 잘못 죽음을 당하며, 그러한 악업으로 말미암아 응당 지옥에 떨어져 심한 괴로움을 받게 되리라.' 고 가엾이 여기시느니라.

이렇듯 그 부처님은 이러한 고해 중생을 내다보시고 그들의 업장을 제거하시기 위하여 신주(神呪)를 말씀하셨나니, 이는 그들로 하여금 받아 지녀서 현세에 큰 이익을 얻어 모든 괴로움을 모조리 여의고 보리(菩提)에 머물도록 하셨나니, 주문은 곧 이러하니라.

"달질타 실제실제 소실제 모절이 목찰이 목제비목제 암말려 비말려 망알예 히란야 아비갈라달나 아비살바알타 바단이 발라마알타 사단이말날세 마하마날세 알보제 알실보제 비다바예 소발니 발라함마 구사구 발라함마 주사제살바 알제 수 아발라시제 살발달라 아발라 저할제 절도쇄 슬발타구지 바사제 납마사바 달타알다남 사바하."

그 때 세존께서 위대한 힘과 한량 없는 광명을 갖춘 이 신주(神呪)를 말씀하시니, 대중 가운데 있던 여러 보살과 *사천왕 · *제석천 · *범천 등이 찬탄하기를

'거룩하고 거룩하사이다. 대자대비하신 세존이시여, 과거 부처님의 위대한 신력(神力)을 갖춘 신주를 능히 이와 같이 말

씀하신 것은 한량 없는 중생을 이롭게 하시어 번뇌의 바다를 마르게 하여 열반의 언덕에 오르게 하며, 온갖 병을 제거하고 소원을 모두 만족케 하시려는 자비시옵니다.'

부처님께서는 대중에게 말씀하셨다.

"만약 청신사·청신녀와 임금·왕자·왕후·대신·궁녀들이 진정으로 복덕을 희망하면서 이 신주에 대하여 믿고 공경하는 마음을 내어 독송하며, 혹은 남을 위하여 그 의의를 말하여 주고 모든 중생에게 자비한 마음을 내며, 밤낮 여섯 차례 향화와 등촉으로써 정성껏 공양하고 정결하게 목욕한 다음 팔재계(八齋戒)를 지키면서 지성껏 염송한다면, 몹시 중하고 그지없는 업장이 다 소멸하여 현세에서 모든 번뇌가 여의어지고, 수명이 다하려 할 적에는 여러 부처님이 호념하시어 바로 그 국토에 가서 연꽃 속에 화생하게 되느니라.

4. 무우최승길상여래(無憂最勝吉祥如來)의 4서원(誓願)

또한 문수사리여, 여기에서 동쪽으로 칠(七)항하사 수와 같은 많은 국토를 지나 한 세계가 있으니 이름은 무우(無憂)요, 그 부처님의 명호는 무우최승길상여래이시며 그 공덕의 이름은 응공·정등각이신데, 지금 그 곳 대중을 위하여 법을 설하고 계시느니라.

그 부처님이 계시는 국토는 광대하고 엄정하고 청정하여 평탄하기가 손바닥과 같으며 모두 보배로 이루어졌는데, 번지럽고 부드러워 항시 향기가 풍기며 걱정하거나 괴로워하는 소리가 없고 모든 중생이 번뇌를 여의었으며 또한 악도나 여인(女人)의 이름마저 없고, 그 둘레가 금으로 꾸며진 목욕장이 곳곳에 마련되어 향기로운 물이 가득하며, 보배나무가 줄을 지었고 꽃과 과일이 무성하며, 미묘한 풍악이 저절로 울려 옴이 마치 서방 극락세계 무량수(無量壽) 부처님 국토의 공덕 장엄과 같으니라.

문수사리여, 그 부처님은 보살도를 수행할 적에, 네가지 큰 서원을 세웠나니, 무엇을 네가지라 하는가 하면,

첫째 큰 서원은 내가 다음 세상에 보리(菩提)를 증득할 때, 만약 중생이 늘 걱정과 괴로움에 얽힌 바 되었다가도, 나의 이름을 듣고 진실한 마음으로 부르고 생각한다면, 그 힘으

로 말미암아 있었던 걱정과 슬픔과 모든 고뇌가 다 소멸하여 수명이 길고 편안하며, 마침내 보리(菩提)를 성취하기를 원한 것이요.

둘째 큰 서원은 내가 다음 세상에 보리(菩提)를 증득할 때, 만약 중생이 많은 악업을 짓고 깜깜한 무간지옥에 떨어져 갖은 괴로움을 받게 되었더라도, 그들이 전생에 나의 이름만 들었다면, 내가 바로 몸에서 광명을 발하여 괴로움 받는 중생을 비추어 줄 것이니, 그들이 그 힘으로 말미암아 그 광명을 보는 즉시에 있었던 업장이 모조리 소멸하여 모든 괴로움을 해탈하고 인간이나 천상에 나서 마음대로 안락을 누리며, 마침내 보리(菩提)를 성취하기를 원한 것이요.

셋째 큰 서원은 내가 다음 세상에 보리(菩提)를 증득할 때, 만약 중생이 살생과 도둑질과 삿된 음행 등 많은 악업을 지어 현세에는 칼과 몽둥이의 괴로움을 받고, 다음 생에는 응당 악도에 떨어지며, 만약 사람으로 태어날지라도 수명이 짧고 병이 많으며, 가난하고 천한 집에 나서 의복과 음식이 노상 모자라 사뭇 춥고 덥고 굶주린 괴로움을 받으며, 몸에는 광채가 없고 가까운 권속들이 모두 어질지 못하여 불량할지라도 나의 이름을 듣고 진실한 마음으로 부르고 생각한다면, 그 힘으로 말미암아 음식과 의복이 그 소원대로 만족하게 얻어지며, 모든 천상처럼 몸의 광채가 사랑스럽고 또한 좋은 권속을 얻으며, 마침내 보리(菩提)를 성취하기를 원한 것이요.

넷째 큰 서원은 내가 다음 세상에 보리(菩提)를 증득할 때, 만약 중생이 흔히 *야차(夜叉)등 모든 흉악한 귀신에 홀리어 그 정력을 빼앗기고 갖은 괴로움을 받다가도 나의 이름을 듣고 진실한 마음으로 부르고 생각한다면, 그 힘으로 말미암아 모든 야차ㆍ귀신 등이 모조리 쓰러지고 흩어져 제각기 자비한 마음을 내고 온갖 괴로움을 해탈하게 되며, 마침내 보리(菩提)를 성취하기를 원한 것이니라.

문수사리여, 이것이 그 부처님 곧 여래ㆍ응공ㆍ정등각이 세웠던 네 가지 미묘하고 큰 서원이었느니라.

그런데 만약 중생이 그 부처님의 이름을 듣고 밤ㆍ낮 여섯 차례동안 부르고 예배하며 진실한 마음으로 공경하면서 중생에게 자비한 마음을 낸다면, 그 업장을 모두 소멸하고 걱정과 괴로움을 해탈하여 병도 없고 수명이 길며, 또한 숙명통을 얻고 그 불국토에 가서 연꽃 속에 화생하여 항상 모든 천상의 호위를 받게 되느니라.

문수사리여, 그 부처님의 이름을 부른다면 능히 이와 같은 한량없는 복업이 생기나니, 그 불국토를 세운 원력과 장엄과 수승한 공덕 등은 부처님이 아닌 성문(聲聞)이나 *연각(緣覺)으로서는 능히 알 바가 아니니라.

5. 법해뇌음여래(法海雷音如來)의 4서원(誓願)

또한 문수사리여, 여기에서 동쪽으로 팔(八)항하사 수와 같은 많은 국토를 지나 한 세계가 있으니, 이름은 법당(法幢)이요, 그 부처님의 명호는 법해뇌음여래이시며 그 공덕의 이름은 응공 · 정등각이신데, 지금 법을 설하고 계시느니라.

문수사리여, 그 부처님이 계시는 국토는 청정하여 더러움이 없고 지형이 평탄하여 *파려(玻瓈)로 이루어졌으며, 언제나 광명이 비치고 향기가 충만하여 성곽은 제석천의 푸른 보배로 쌓았고 팔방의 거리는 금 · 은으로 깔렸으며, 누각과 전당은 대마루와 창문 · 난간 등이 모두 다 여러 보배로 꾸며졌고, 천상의 향과 보배나무는 곳곳마다 줄을 지었으며, 그 나무 가지에는 천상 일산이 걸렸고, 또한 보배방울이 곳곳에 드리워졌는데, 미풍이 산들거리면 미묘한 소리가 울리면서 저절로 '덧없고(無常) 괴롭고(苦) 허무하고(空) 나라는 것은 없다(無我).' 라는 법문을 아뢰나니, 듣는 중생은 욕계의 속박을 여의고 점차로 *습기(習氣)가 제거되어 자못 깊은 *선정(禪定)을 증득하게 되느니라.

또한 천상의 신묘한 향화는 어지러이 흩날리고, 그 사방에 마련된 여덟 개의 목욕탕 밑바닥은 찬란한 금모래가 깔렸으며 언제나 향기로운 물이 가득 차 있느니라.

문수사리여, 그 국토에는 모든 악도(惡道)가 없고 또한 여인(女人)이 없으며 누구나가 연꽃 속에 화생하여 일체 번뇌가 없는데, 그 부처님이 보살도를 수행할 적에 네 가지 큰 서원을 세웠나니, 무엇을 네 가지라 하는가 하면,

첫째 큰 서원은 내가 다음 세상에 보리(菩提)를 증득할 때, 만약 중생이 옳지 못한 소견을 가진 집안에 태어나서 불·법·승 삼보를 믿지 않고 위없는 보리심(菩提心)을 아주 여의었다가도 나의 이름을 듣고 진실한 마음으로 부르고 생각

한다면, 그 힘으로 말미암아 *무명(無明)과 옳지 못한 소견이 밤 낮으로 소멸되고 삼보에 대하여 깊고 바른 신심을 내며, 다시는 물러나지 않고, 마침내 보리(菩提)를 성취하기를 원한 것이요.

둘째 큰 서원은 내가 다음 세상에 보리(菩提)를 증득할 때, 만약 중생이 변두리 땅에 태어나서 나쁜 벗을 가까이 함으로써 많은 죄업을 짓고 선업을 닦지 않으며, 일찌기 삼보의 이름을 귀로 들어보지도 못하다가 목숨을 마친 뒤에는 응당 삼악도에 떨어질 그러한 모든 중생이 잠깐 동안이라도 나의 이름을 듣는다면, 그 힘으로 말미암아 업장을 소멸하고 선지식을 만나며, 악도에 떨어지지 않고, 마침내 보리(菩提)를 성취하기를 원한 것이요.

셋째 큰 서원은 내가 다음 세상에 보리(菩提)를 증득할 때, 만약 중생이 의복·음식과 침구·의약 등 필요한 물건이 모두 모자람으로 말미암아 큰 걱정과 괴로움이 생기고 그것들을 구하기 위하여 여러 악업을 짓다가도 나의 이름을 듣고 마음으로 부르고 생각한다면, 그 힘으로 말미암아 부족한 것이 모두 마음대로 얻어지고, 마침내 보리(菩提)를 성취하기를 원한 것이요.

넷째 큰 서원은 내가 다음 세상에 보리(菩提)를 증득할 때, 만약 중생이 전생의 악업으로 말미암아 서로 다투어 이익되는 일을 하지 못하고 활이나 칼·몽둥이 등으로 서로 상해하다가도 나의 이름을 듣고 진실한 마음으로 부르고 생각한다면, 그 힘으로 말미암아 제각기 자비한 마음을 내어 서로 상해하지 않고 착하지 못한 생각이 나지 않거늘, 하물며 오히려 다른 이의 목숨을 끊으려 하겠는가. 항시 기쁜 마음으로 남에게 베풀어 주며, 마침내 보리(菩提)를 성취하기를 원한 것이니라.

문수사리여, 이러한 것이 그 부처님 곧 여래·응공·정등각이 보살도를 수행할 적에 세웠던 네 가지 미묘하고 큰 서원이었느니라.

만약 청신사·청신녀가 그 부처님의 이름을 듣고 진실한 마음으로 예배하고 은근히 공양하며 받아 지니고 생각하고 외운다면, 업장이 소멸하고 보리심(菩提心)에서 물러나지 아니하여 숙명통을 갖추며, 태어나는 곳마다 항시 부처님을 뵈옵고, 병없이 수명이 길며 목숨을 마친 뒤에는 그 불국토에 태어나서 의복·음식등 생활 도구가 모두 생각대로 생기어 모자라는 바가 없느니라.

문수사리여, 그 부처님은 이와 같은 한량없는 공덕을 원만히 갖추었으므로, 중생이 응당 깊이 기억하여 사뭇 흠모해야 하느니라.

6. 법해승혜유희신통여래(法海勝慧遊戲神通如來)의 4서원(誓願)

또한 문수사리여, 여기에서 동쪽으로 구(九)항하사 수와 같은 많은 국토를 지나서 한 세계가 있으니 이름은 선주보해(善住寶海)요, 그 부처님의 명호는 법해승혜유희신통여래이시며 그 공덕의 이름은 응공·정등각이신데, 지금 법을 설하고 계시느니라.

문수사리여, 그 부처님은 보살도를 수행할 적에 네가지 큰 서원을 세웠나니, 무엇을 네 가지라 하는가 하면,

첫째 큰 서원은 내가 다음 세상에 보리(菩提)를 증득할 때, 만약 중생이 여러 가지 악업을 지어 씨앗 뿌리고 밭갈이 하는 등 농사하는 데 많은 생명을 상해하게 되고, 혹은 장사하는 데에 남을 속이며, 또는 싸움터에서 칼과 창으로 살해

하기를 일삼다가도, 나의 이름을 듣고 진실한 마음으로 부르고 생각한다면, 그 힘으로 말미암아 살림거리를 탐착하여 구하지 않아도 마음 먹은대로 만족하게 얻어지고, 항상 여러 선업을 닦아서, 마침내 보리(菩提)를 성취하기를 원한 것이요.

둘째 큰 서원은 내가 다음 세상에 보리(菩提)를 증득할 때, 만약 중생이 열 가지 악업인 살생 등 죄업을 짓고 그로 말미암아 응당 지옥에 떨어지게 되었더라도, 나의 이름을 듣고 진실한 마음으로 부르고 생각한다면, 열 가지 선업을 모두 이루어 악도에 떨어지지 아니하고, 마침내 보리(菩提)를 성취하기를 원한 것이요.

셋째 큰 서원은 내가 다음 세상에 보리(菩提)를 증득할 때, 만약 중생이 자유를 얻지 못하고 남에게 얽매이거나 혹은 칼과 수갑과 사슬의 구속과 매맞는 괴로움이나 심지어 극형을 당하게 되었다가도 나의 이름을 듣고 진실한 마음으로 부르고 생각한다면, 그 힘으로 말미암아 모든 고난을 모조리 해탈하고, 마침내 보리(菩提)를 성취하기를 원한 것이요.

넷째 큰 서원은 내가 다음 세상에 보리(菩提)를 증득할 때, 만약 중생이 여러 악업을 짓고 삼보를 믿지 않으며 허망한 소견에 빠져 바른 이치에 어긋나며 삿된 무리를 좋아하고 부처님의 경전을 비방하며 성현의 말씀을 그르게 여기고 외도의 서적을 공경히 받들어 지니며, 스스로 남을 가르친다고 하나 도리어 함께 미혹만을 더하게 하여 응당 지옥에 떨어져 헤어날 기약이 없고, 만약 사람으로 태어날지라도 *팔난(八難)의 처소에 나서 바른 도리를 여의고 밝은 안목이 없게 될 그러한 이라도 나의 이름을 듣고 진실한 마음으로 부르고 생각한다면, 그 공덕으로 말미암아 목숨이 다할 무렵에는 불현듯 바른 생각이 솟아나서 온갖 고난을 해탈하고, 언제나 좋은 나라에 태어나 한량없는 안락을 누리며, 마침내 보리(菩提)를 성취하기를 원한 것이니라.

문수사리여, 이것이 그 부처님 곧 여래·응공·정등각이 보살도를 수행할 적에 세웠던 네 가지 미묘하고 큰 서원이었느니라.

문수사리여, 그 불국토의 공덕과 장엄은 위에서 말한 묘보(妙寶)여래의 세계와 평등하여 다름이 없느니라.

7. 약사유리광여래(藥師瑠璃光如來)의 12서원(誓願)

또한 문수사리여, 여기에서 동쪽으로 십(十)항하사수와 같은 많은 국토를 지나 한 세계가 있으니 이름은 정유리(淨瑠璃)요, 그 부처님의 명호는 약사유리광여래이시며 그 공덕의 이름은 응공·정등각이시니라.

문수사리여, 그 부처님이 처음 발심하여 보살도를 수행할 적으로 부터 열 두 가지 큰 서원을 세웠나니, 무엇을 열 두가지라 하는가 하면,

첫째 큰 서원은 내가 다음 세상에 보리(菩提)를 증득할 때, 내 몸의 광명이 끝없이 넓은 세계를 비추고 또한 *삼십이(三十二)상과 *팔십종호(八十種好)로써 몸을 장엄하되, 모든 중생으로 하여금 나와 똑같아 조금도 다름이 없게 하리라고 원한 것이요.

둘째 큰 서원은 내가 다음 세상에 보리(菩提)를 증득할 때, 유리와 같은 몸은 안밖이 투명하고, 광대한 광명은 모든 세계에 가득차며, 장엄하고 빛나는 그물[網]은 해와 달보다도 더 찬란하여 저 *철위산(鐵圍山)속의 깜깜한 데까지도 서

로 볼 수 있어서 이 세계의 어두운 밤에도 나가 노닐 수 있고, 또한 모든 중생이 나의 광명을 보고는 모두 마음이 열려 온갖 일을 마음대로 할 수 있기를 원한 것이요.

셋째 큰 서원은 내가 다음 세상에 보리(菩提)를 증득할 때, 한량 없고 끝없는 지혜와 방편으로써 모든 중생으로 하여금 소용되는 물건을 모자람 없이 얻을 수 있기를 원한 것이요.

넷째 큰 서원은 내가 다음 세상에 보리(菩提)를 증득할 때, 그릇된 길을 행하는 모든 중생에게는 바른 보리(菩提)의 길을 가도록 하고, 만약 성문이나 독각의 교법을 행하는 이에게는 대승법 가운데 안주케 하기를 원한 것이요.

다섯째 큰 서원은 내가 다음 세상에 보리(菩提)를 증득할 때, 모든 중생이 나의 가르침 가운데서 청정하게 수행하여 아예 *파계(破戒)하지 않게 하고, 삼업(三業)을 잘 다스려서 악도에 떨어질 어긋난 자가 없게 하며, 설사 파계를 하였을지라도 나의 이름을 듣고서 한결같은 정성으로 받아 지니고 진실한 마음으로 잘못을 참회한다면, 바로 청정하게 되어 마침내 보리(菩提)를 증득하기를 원한 것이요.

여섯째 큰 서원은 내가 다음 세상에 보리(菩提)를 증득할 때, 만약 많은 중생이 갖가지 불구가 되어 추악하고, 어리석고 눈 멀고 말 못하거나 또는 앉은뱅이·곱사등이·문둥이·미치광이 같은 갖은 병고에 시달리다가도 나의 이름을 듣고 진실한 마음으로 부르고 생각한다면, 누구나 단정한 몸을 얻고 모든 병이 소멸되기를 원한 것이요.

일곱째 큰 서원은 내가 다음 세상에 보리(菩提)를 증득할 때, 만약 모든 중생이 가난하고 곤궁하여 의지할 데가 없고 온갖 병고에 시달려도 의약과 의사가 없다가도 잠시라도 나의 이름을 듣는다면, 온갖 질병이 소멸하고 권속이 번성하며 모든 재물이 흡족하여 몸과 마음이 안락하고, 마침내 보리(菩提)를 성취하기를 원한 것이요.

여덟째 큰 서원은 다음 세상에 내가 보리(菩提)를 증득할 때, 만약 여인(女人)이 됨으로써 여러 가지 괴로움에 부대껴 몹시 싫증을 느끼고 여인 몸 버리기를 원한 이가, 나의 이름을 듣고 진실한 마음으로 부르고 생각한다면, 바로 지금의 몸을 바꾸어 장부의 상호를 갖춘 남자가 되고, 마침내 보리(菩提)를 성취하기를 원한 것이요.

아홉째 큰 서원은 내가 다음 세상에 보리(菩提)를 증득할 때, 모든 중생으로 하여금 마구니의 그물을 벗어나게 하고, 또한 갖가지 그릇된 견해의 무리들을 모두 포섭하여 바른 소견을 내게 하고, 점차로 모든 보살행을 닦아 익히도록 하여, 마침내 보리(菩提)를 성취하기를 원한 것이요.

열째 큰 서원은 내가 다음 세상에 보리(菩提)를 증득할 때, 만약 중생들이 국법에 저촉되어 감옥에 구금되고 목에 씌우는 칼과 사슬에 얽매어 매질이나 사형을 당하게 되고, 또는 온갖 괴로운 일로 고뇌에 시달려 잠시도 편안할 겨를이 없다가도 나의 이름을 듣는다면, 나의 복덕과 위신력을 입어 일체 근심과 괴로움을 모두 해탈하고, 마침내 보리(菩提)를 성취하기를 원한 것이요.

열한째 큰 서원은 내가 다음 세상에 보리(菩提)를 증득할 때, 만약 모든 중생이 굶주림에 시달려 먹을 것을 구하기 위하여 갖은 악업을 짓다가도 나의 이름을 듣고 진실한 마음으로 부르고 생각한다면, 내가 마땅히 먼저 좋은 음식을 주어 마음껏 배부르게 하고, 다음에는 바로 법(法:진리)을 주어 안락하게 하며, 마침내 보리(菩提)를 성취하기를 원한 것이요.

열두째 큰 서원은 내가 다음 세상에 보리(菩提)를 증득할 때, 만약 많은 중생들이 몸에 걸칠 의복이 없어 모기 등의 곤충과 추위와 더위에 몹시 시달리게 되었다가도 나의 이름을 듣고 진실한 마음으로 부르고 생각한다면, 바로 그들이 바라는대로 온갖 좋은 의복을 얻고 보배로운 장식품과 풍악과 향화가 모두 풍족하게 되어 일체 괴로움을 여의고, 마침내 보리(菩提)를 성취하기를 원한 것이니라.

문수사리여, 이것이 약사유리광여래 곧 응공·정등각이 보살도를 수행할 적에 세웠던 열두가지 미묘하고 큰 서원이었느니라."

제2편

약사유리광칠불 본원공덕경 하권

藥師瑠璃光七佛本願功德經 下卷

제3절. 정유리세계(淨瑠璃世界)의 공덕 장엄

그 때 부처님께서는 문수사리에게 말씀하셨다.

"약사유리광여래가 보살도를 수행할 적에 세웠던 큰 서원과 그 국토의 공덕과 장엄은 내가 지금 한 겁(劫)이나 또는 한 겁이 넘도록 말할지라도 능히 다하지 못하리라.

그 국토는 한결같이 청정하여 모든 욕심과 집착이 없고 또한 여인(女人)도 없고 삼악도(三惡道)에서 괴로워하는 중생의 아우성이 없으며, 정결한 유리로 땅이 되었고 성곽과 궁전과 모든 회랑(回廊)과 창문·그물 등이 모두 칠보(七寶)로 이루어져서, 마치 서방 극락세계의 공덕장엄과 같으니라.

그리고 그 국토에는 두 보살이 있어서 한분은 일광변조(日光遍照)요 다른 이는 월광변조(月光遍照)인데, 한량 없이 많은 보살들 가운데 우두머리가 되어 능히 그 부처님의 바른 법보(法寶)를 지녔느니라.

그러므로 문수사리여, 바르게 믿는 선남자·선여인이 있다면, 마땅히 그 부처님 세계에 나기를 원해야 하느니라.

제4절. 약사유리광여래(藥師瑠璃光如來)의 위신력(威神力)

1. 탐욕의 과보와 그 해탈

또한 문수사리여, 중생들은 선과 악을 가리지 못하고 다만 탐내고 아끼는 마음만 품어 남에게 베푸는 보시와 그 과보를 알지 못하며, 어리석고 지혜가 없어서 바른 도리를 믿는 마음이 없고 보배와 재물만 저축하여 애써 지키면서 구걸하러 오는 이를 보면 속으로 좋아하지 않고, 만약 할 수 없이 보시할 적에도 자기 몸의 살을 오리는 것처럼 여기어 못내 아까워 하느니라.

또한 그지없이 탐욕이 많은 중생은 재물을 쌓아 놓고 자기도 오히려 쓰기를 아끼거니, 하물며 부모 처자와 하인과 구걸하러 오는 이들에게 베풀어 줄 수가 있겠는가.

그러한 모든 중생들은 목숨을 마친 뒤에는 응당 아귀나 축생으로 태어나게 되지만, 일찌기 인간에서 약사유리광여래의 이름을 들었다면, 비록 *악도(惡道)에 떨어졌을지라도 돌이켜 그 여래의 이름을 기억하게 되고, 그래서 곧 거기에서 죽어 인간에 태어나 숙명통을 얻으며, 악도의 괴로움을 무서워 하여 쾌락을 좋아하지 않고 남에게 베풀어 주기를 즐기며, 또한 보시하는 이를 찬탄하여 모든 재물에 아끼는 마음이 없고, 심지어는 자기 머리나 눈과 손·발·피·살 까지라도 요구하는 이에게 줄 수 있거늘 하물며 하찮은 재물이겠는가.

2. 삿된 소견의 과보와 그 해탈

또한 문수사리여, 어떤 중생들은 부처님께 귀의하여 여러 계율을 받고도 계율과 위의(威儀)를 파하고 바른 견해를 무너뜨리며, 또는 계율과 바른 견해를 지니고도 법을 많이 듣기를 힘쓰지 아니하여 부처님이 말씀하신 경전의 깊은 이치를 능히 알지 못하며, 비록 많이 들었을지라도 교만한 마음을 품고 자기는 옳고 남은 그르다 하여 바른 법을 비방하고 마구니의 편이 되고 마느니라.

이와 같은 어리석은 사람은 스스로 그릇된 견해로 행세할 뿐 아니라, 다시 한량없는 백 천 *구지(俱胝)의 중생으로 하여금 모두 험악한 구덩이에 떨어지게 만드니라.

이러한 모든 중생은 반드시 지옥이나 축생이나 아귀의 길에 떨어질 것이나, 일찍이 약사유리광여래의 이름을 듣기라도 하였다면, 그 부처님이 본래 세우신 서원의 위력으로 말미암아 지옥 가운데서도 그 부처님의 이름을 기억하게 되며, 그 곳에서 수명이 다하면 도로 인간에 태어나 바른 견해로 정진하고, 모든 일을 선으로써 다스리기를 좋아하게 되느니라.

그래서 세속을 버리고 출가하여 불법 중에서 계율을 지녀 무너뜨림이 없으며, 바른 견해와 많은 지식으로써 매우 깊은 이치를 알아서 아만을 여의고 바른 법을 비방하지 않으며, 아예 마구니의 편이 되지 않고 점차로 모든 보살도를 수행하여 마침내 보리(菩提)를 성취하게 되느니라.

3. 고뇌의 해탈

또한 문수사리여, 어느 중생들은 탐욕과 질투로 온갖 악업을 지어 자기를 칭찬하고 남을 비방하다가 목숨을 마치면 응당 삼악도에 떨어져 한량없는 오랜 세월 동안 갖가지 극심한 괴로움을 받고, 그 곳에서 수명이 다하면 소·말이나 낙타·노새같은 짐승이 되어 매양 회초리를 맞으며, 굶주림은 마음에 사무치고 몸은 무거운 짐으로 그 괴로움이 극심하며, 만약 사람이 되더라도 아주 천더기로 태어나서 항시 남의 부림을 받아 자유롭지 못하게 될 것이나, 일찌기 인간세상에서 약사유리광여래의 이름을 듣기라도 하였다면, 그 선근의 힘으로써 다시금 그 이름을 기억하여 지극한 마음으로 귀의하게 되고, 그 부처님의 위신력으로 온갖 괴로움을 해탈하게 되며, 기질이 총명하고 슬기로워 배움이 많으며, 항상 수승한 법을 구하고 언제나 선지식을 만나며, 마구니의 원결을 말끔히 여의고 무명의 껍데기를 깨뜨리며, 번뇌의 강물을 마르게 하고, 일체 생·노·병·사(生老病死)의 시름과 슬픔과 고뇌를 해탈하여 마침내 보리(菩提)를 성취하게 되느니라.

4. 악연(惡緣)의 소멸

또한 문수사리여, 많은 중생은 어긋난 짓을 좋아하고 서로 다투고 송사하여 자기와 남을 괴롭히며, 몸과 입과 뜻으로 모든 악업을 지어 여러모로 이롭지 못한 짓을 하고 서로 음해를 도모하며, 산과 숲과 나무와 무덤 등 귀신에게 고사하며, 여러 중생을 죽여 그 피와 살로써 야차나 나찰 등 귀신에게 제사하고, 원수진 이의 이름을 기록하거나 혹은 그의 형상을 만들어 흉악한 주술로써 저주하여, 가위눌림과 *방자와, 혹은 주문으로 시체를 일으켜 상대를 까무러치게 하는 짓 등으로써, 그의 목숨을 끊거나 그의 몸을 무너뜨리게 하느니라.

그러나 이러한 모든 중생들도 만약 약사유리광여래의 이름을 듣게 된다면, 그 모든 나쁜 인연들이 능히 침해하지 못하고 일체 모두가 도리어 자비한 마음을 내며, 서로 이롭고 안락하게 하여 괴롭히려는 뜻과 유감된 마음이 사라져서, 자신이 하는 일에 매양 기쁨과 만족을 느끼게 되느니라.

5. 극락세계와 천상에 태어남

또한 문수사리여, 만약 사부 대중인 비구·비구니와 우바새·우바이와 기타 *청신사··*청신녀가 능히 8재계를 받아 지니되, 일년이나 혹은 석달 동안 계율을 받아 지니어, 이 선근으로 저 서방 극락세계에 태어나서 *무량수부처님(아미타불)을 뵈옵기 원하고 약사유리광여래의 이름을 듣게 된다면, 목숨을 마칠 무렵에 여덟 보살이 신통을 나투어 그의 갈 곳을 지시하나니, 바로 극락 세계에 가서 온갖 빛깔의 보배 연꽃 속에 저절로 화생하게 되느니라.

또한 이러한 인연으로 천상에 나기도 하는데, 비록 천상에 날지라도 전생의 선근이 끊임이 없어서 다시는 모든 악도에 태어나지 않게 되고, 천상의 수명이 다하면 도로 인간에 태어나 혹은 전륜왕이 되어, 사대주(四大洲)를 *통할(統轄)하여 그 위덕이 자재하고 교화가 한량이 없어서 많은 중생으로 하여금 열 가지 선업을 닦게 하느니라,

그리고 혹은 *찰제리(刹帝利)나 바라문이나 거사 같은 귀족으로 태어나 보물이 풍족하고 창고가 가득하며, 얼굴이 단정하고 권속이 번성하며 기질이 총명하여 슬기롭고 건장

하고 용맹하여 몸에 위대한 힘을 지니게 되느니라.

또한 여인(女人)일지라도, 약사유리광여래의 이름을 듣고 진실한 마음으로 받아 지닌다면, 다음 세상에 다시는 여인의 몸을 받지 않느니라.

6. 병고의 소멸

또한 문수사리여, 그 약사유리광여래는 보리(菩提)를 증득하실 적에 본래 세웠던 원력으로 말미암아 모든 중생이 시름시름 마르는 병이나, 학질 · 소갈병(消渴病) · 황달 · 열병 등 온갖 병고에 걸렸거나, 혹은 목숨이 짧거나 잘못 죽거나 하는 것을 관찰하시고, 그들로 하여금 병고가 소멸하고 소원이 원만하도록 하셨느니라.

7. 중생의 고난을 소멸하는 다라니(神呪)

그런데 약사유리광여래께서 삼마지(三摩地)에 드셨나니 이름은 '일체 중생의 고난을 소멸하는 삼마지' 이니라.

이미 선정에 드시자 정수리의 살 상투[肉髻]가운데서 큰 광명이 나왔고, 그 광명 가운데서 위대한 다라니(神呪)를 설하셨느니라.

"나모바가벌제 비살사구로 폐루리발라바 갈라 사야 달타아 다야 아라헐제 삼먁삼발타야 달질타옴 비살서 비살서 비살사 삼몰아제 사바하."

그 때 약사유리광여래께서 광명 가운데 이 신주(神呪)를 설하시자, 대지(大地)는 온통 진동하였으며, 다시 큰 광명을 발하여 일체 중생의 병고를 모두 제거하고 안락을 얻도록 하셨느니라.

문수사리여, 어느 누구나 만약 병고에 시달리는 남자나 여자를 보았을 적에, 마땅히 한결같은 마음으로 그 병든 이를 위하여 깨끗이 목욕하고 양치질한 다음 음식이나 혹은 약이나 벌레 없는 물을 향하여 이 신주를 백 여덟번 외우고 그에게 주어 복용케 한다면, 있었던 병고가 모두 소멸하게 되느니라.

만약 소원이 있어서 진실한 마음으로 염송한다면, 모두 뜻대로 이루어지며 병 없이 수명을 늘이고, 목숨을 마친 뒤에는 그 세계에 태어나서 물러나지 않는 경계를 얻고, 마침내 보리(菩提)를 성취하게 되느니라.

그러므로 문수사리여, 만약 어떤 남자나 여인이 저 약사유리광여래께 진실한 마음으로 정성껏 공경하려면, 언제나 이 신주를 간직하고 잊어버리지 말아야 하느니라.

제5절. 칠불여래(七佛如來)와 그 경전의 공양

또한 문수사리여, 만약 선남자 선여인이 위에서 말한 바 칠불여래 곧 응공·정등각의 이름을 듣고서 외우고 지니며, 새벽에는 양지(楊枝)로 양치질하고 목욕한 다음 갖은 향기로운 꽃과 말향과 소향·도향과 온갖 풍악을 준비하여 그 부처님의 형상에게 공양하며, 이 경전을 자기가 베끼거나 혹은 남을 시켜 베껴서 한결같은 마음으로 받아 지니고 그 이치를 들으며, 또한 이 경전을 설하는 법사에게도 마땅히 공양하되 필요한 일체 살림 도구를 다 보시하여 모자람이 없도록 한다면, 바로 여러 부처님의 호념을 입어 소원이 원만히 이루어지고, 마침내 보리(菩提)를 성취하게 되느니라."

제6절. 문수사리(文殊師利)의 서원

그 때 문수사리는 부처님께 사뢰어 말하였다.

"세존이시여, 제가 다음 말법 세상에 맹세코 갖은 방편으로 모든 청신사 청신녀로 하여금 칠불여래의 이름을 듣게 하오며, 심지어 잠결에라도 그 부처님의 이름을 들려 주어 깨닫게 하겠나이다.

세존이시여, 제가 이 경전을 받아 지니고 읽어 외우며 또한 다시 남에게도 밝혀 설하여 주겠사오며, 자신이 베끼거나 또는 남을 시켜 베껴서 공경하고 존중하되 갖가지 향기로운 꽃과 바르는 도향과 가루향·태우는 소향이며 꽃다발·영락(瓔珞)·번기(幡旗)·일산이나 풍악(風樂) 등으로 공양하옵고, 오색의 비단 주머니에 넣어서 정결한 곳에 마련된 높은 자리에 모시겠사오며, 그래서 사천왕 및 그 권속과 한량없는 백 천의 천신(天神)들과 함께 그 곳에 나아가 공양하고 수호하겠사옵니다.

세존이시여, 만약 이 보배로운 경전이 유포된 곳이나 받아 지닌 이라면, 저 칠불여래께서 본래 세우신 서원 공덕과 그 부처님의 명호와 위신력을 들었기 때문에 응당 그러한 이에게는 잘못 죽는 이가 없고, 또한 모든 흉악한 귀신에게 정력을 빼앗기지도 않으며, 만약 빼앗겼을지라도 이내 이전과 같이 되어 몸과 마음이 편안하고 즐거울 것이옵니다."

제7절. 칠불여래(七佛如來) 기도 법식과 그 공덕

부처님께서 문수사리에게 말씀하셨다.

"과연 그러하도다. 그대의 말과 같도다. 문수사리여, 만약 청신사·청신녀가 칠불여래를 공양하려면 마땅히 먼저 일곱 부처님의 형상을 정성껏 조성하여 정결하고 좋은 자리에 모시고, 꽃을 뿌리며 향을 사르고 여러 가지 *당번(幢幡)으로 그 자리를 장엄한 다음, 이렛낮 이렛밤 동안 팔재계를 지니고, 깨끗한 음식을 먹어야 하며, 목욕하고 정결한 새옷을 입으며, 마음에 번뇌를 없애고 또한 남을 해롭히는 성냄을 없이 하여 매양 모든 중생에게 이익되고 안락하고 자비하고 희사(喜捨)하고 평등한 마음을 일으키며, 풍악과 노래로 그 부처님의 공덕을 찬탄하고 부처님 형상을 바른 쪽으로 돌면서 그 부처님께서 본래 세웠던 서원을 생각하며, 이 경전을 독송하고 그 이치를 깊이 되새기며 남에게도 일러 준다면, 그의 소원에 따라서 긴 수명을 원하였다면 장수하게 되고, 재물을 구하였다면 부자가 되고, 벼슬을 구하였다면 벼슬을 얻고, 아들 딸을 구하였다면 자식을 얻어 일체 모두가 원한대로 이루어지느니라.

또한 어떤 사람이 갑자기 나쁜 꿈을 꾸고 어떤 나쁜 형상을 보았으며, 혹은 괴상한 새들이 모여들고, 집안에 온갖 요괴스러운 것이 나타났을 적에도, 만약 좋은 공양거리로 그 칠불여래 부처님께 공경하고 공양한다면, 나쁜 꿈과 궂은 형상 등 상서롭지 못한 것들이 모조리 없어져서 능히 괴롭히지 못하느니라.

또한 수재 · 화재나 칼 · 독약이나, 높은 절벽과 험악한 길에서 사나운 코끼리나 사자 · 범 · 이리 · 곰 · 독사 · 살모사 · 지네같은 것들에게 공포를 당하였을 적에도, 능히 지극한 마음으로 그 부처님을 생각하면서 공경하고 공양한다면, 일체 공포를 모두 해탈하게 되며, 만일 다른 나라의 침범을 당하거나 도적이 반란을 일으켰을 때에도 그 부처님을 생각하고 공양한다면, 맺혔던 원수가 모두 물러나고 흩어지게 되느니라.

또한 문수사리여, 만약 청신사 · 청신녀가 그 목숨이 다할 때까지 귀신등을 섬기지 않고, 오로지 불 · 법 · 승 삼보에 귀의하여 계율을 받아 지니되, 오계(五戒) 십계(十戒)나 보살의 사백계(四百戒)와 비구의 이백오십계(二百五十戒) 등을 지키는 중에, 어쩌다가 계율을 범하여 악도에 떨어질 것을 두려워할 적에도, 능히 그 부처님의 이름을 한결같이 생각하고 공경하며 공양한다면, 반드시 삼악도 가운데 떨어지지 않느니라.

혹은 여인이 아이를 낳을 적에 심한 고통을 받다가도, 능히 진실한 마음으로 칠불여래의 이름을 부르고 예찬하며 공경하고 공양한다면, 온갖 고통이 모두 사라지며, 낳은 아들의 얼굴이 단정하여 보는 이가 기뻐하고 근기가 예리하고 총명하며, 병없이 안락하고 비인(非人)에게 그 정기를 빼앗기는 일이 있을 수 없느니라."

제8절. 아난의 믿음

그 때 세존께서는 아난에게 말씀하셨다.

"내가 찬양한 그 칠불여래의 명호와 공덕은 모든 부처님의 매우 깊은 경계인지라 이루 알기 어렵나니, 그대는 의혹을 품지 말아야 하느니라."

아난은 사뢰어 말하였다.

"세존이시여, 저는 여래께서 말씀하신 경전의 깊은 이치에 의심을 내지 않사옵니다. 무슨 까닭인가 하오면, 일체 여래는 몸과 입과 뜻의 모든 업(業)이 추호도 허망하지 않으시기 때문이옵니다.

세존이시여, 만약 저 해와 달이 떨어지고 수미산이 움직일지라도, 모든 부처님의 말씀은 어디까지나 진실하고 평등하며 그릇됨이 없사옵니다.

세존이시여, 그러하오나 모든 중생은 *신근(信根)을 갖추지 못하여 여러 부처님의 지극히 깊은 경계에 관한 말씀을 듣고도 이렇게 생각하옵니다."

"어찌하여 다만 칠불여래의 이름만 생각할 것이며, 또한 그것만으로 그러한 훌륭한 공덕과 이익을 얻는다고 하는가?"

"그들은 이러하옵기에 믿지 않고 곧 비방하옵나니, 그래서 덧없는 한 세상에 큰 이로움과 즐거움을 잃고서 모든 악도에 떨어지고 마는 것이옵니다."

부처님께서 아난에게 말씀하셨다.

"그러한 모든 중생들도 만약 칠불여래의 이름이라도 들었다면, 악도에 떨어질리가 만무하니라. 그러나 이미 결정된 업보로서 도저히 변동할 수 없는 이만은 예외이니라.

아난아, 이는 모든 부처님의 매우 깊은 경계여서 이루 믿기도 알기도 어렵나니, 그대는 마땅히 믿고 받들어 이것이 모두 여래의 위신력인 줄을 알아야 하느니라.

아난아, 이는 일체 성문이나 독각으로서는 능히 알바가 아니며, 다만 한 생(生)만 지내면 성불할 보처(補處)보살만이 알 수 있는 경계이니라.

아난아, 사람의 몸은 얻기도 어렵고 또한 삼보를 믿고 존중히 받들기도 어렵지만 칠불여래 부처님의 이름을 듣기는 그보다 더 어렵느니라.

아난아, 그 칠불여래 부처님은 한량없는 보살의 행과 그지없는 미묘한 방편과 또한 헤아릴 수 없는 광대한 서원을 가졌나니, 이러한 행과 서원과 미묘한 방편은 내가 지금 한 겁(劫)이나 또는 한 겁이 더 지나도록 말할지라도 능히 다하지 못할 것이니라."

제9절. 구탈보살(救脫菩薩)의 해설

그 때 대중 가운데 한 보살 *마하살이 있었으니 이름을 구탈(救脫)이라 하였는데, 곧 자리에서 일어나 바른 어깨를 벗어 메고 바른 무릎을 땅에 대며 합장하고 부처님께 사뢰어 말하였다.

"세존이시여, 이 다음 *상법(像法)세상이 될 무렵 만약 중생들이 갖은 병고에 시달려 몸이 여의고 음식을 먹지 못하며, 목구멍과 입술이 마르고 시력이 아주 어두워 죽을 상(相)이 앞에 나타난다면, 부모·권속과 친지들이 슬퍼하고 울면서 둘러 앉을 것이며, 자신은 그 자리에 누웠어도 *염라왕(焰羅王)의 사자가 그의 *신식(神識)을 이끌어 염라왕의 처소로 가려는 것이 보일 것이옵니다. 모든 중생은 그 생(生)과 더불어 모두 신식이 있으므로, 그가 지은 바 선악의 업에 따라 그 신식에 빠짐없이 기록되어 염라왕에게 바쳐지면, 왕은 바로 법에 의거하여 그들의 소행을 묻고 죄와 복을 따라 처단할 것이옵니다.

만일 그 무렵에 그의 권속이나 친지들이 그를 위하여 칠불여래 부처님께 귀의하여 갖가지로 장엄하고 공양한다면, 그의 신식이 7일이나 혹은 14일 또는 49일을 지나서 마치 꿈속에서 깨어난 것처럼 본래 정신이 돌아와서, 저절로 착하고 착하지 못한 업에 따라 얻어진 과보를 분명히 기억하게 될 것이옵고, 그 업보가 헛되지 않는 것을 스스로 증명할 것이오며, 그래서 목숨이 어렵게 될 지경에도 악을 짓지 않을 것이옵니다.

그러므로 모든 청신사 · 청신녀는 마땅히 칠불여래 부처님의 명호를 받아 지니고, 그 힘과 능력에 따라 공경하며 공양해야 할 것이옵니다."

제10절. 칠불여래(七佛如來) 기도법의 해설

그 때 비구 아난은 구탈 보살에게 물었다.

"선남자여, 칠불여래 부처님을 공경하고 공양하려면 그 방식이 어떠해야 합니까?"

구탈 보살은 말하였다.

"*대덕(大德)이여, 만약 병든이나 기타 모든 재앙을 만난 이를 구제하려면, 마땅히 그를 위하여 이렛낮과 이렛밤동안 팔재계를 지키고, 그 힘에 따라 음식과 여러 가지 공양거리로써 부처님과 스님네에게 공양하고, 밤낮 여섯 차례 칠불여래 부처님께 공경히 예배하면서 이 경전을 마흔 아홉번 외우고 마흔 아홉 개의 등을 켜놓되, 그 부처님의 형상 일곱 위(位)를 만들고 낱낱의 형상 앞에 각기 일곱 개의 등을 켜도록 하는데, 그 일곱 등의 모양이 마치 수레바퀴처럼 둥그렇게 하여 마흔 아홉 밤이 되도록 그 광명이 꺼지지 않게 하며, 또한 갖가지 비단으로 만든 번기 마흔아홉 폭과 아울러 마흔 아홉 자가 되는 길다란 한 폭을 만들어 놓고, 마흔아홉 수의 생명을 놓아준다면, 곧 모든 재난을 여의고 일체 횡액과 악귀의 침해를 받지 않을 것입니다.

대덕 아난이여, 이러한 것이 그 칠불여래 부처님께 공양하는 법식입니다.

만약 칠불여래 부처님 가운데 다만 한 부처님만이라도 그 이름을 부르고 공양한다면 모두 한량없는 공덕을 얻고 소원이 원만할 것인데, 하물며 능히 일곱부처님을 다 법식대로 공양함이겠소."

제11절. 나라의 재난을 없애는 법

"또한 대덕 아난이여, 임금이나 왕족 등 지배 계급도 재난을 만나는 때가 있나니, 그것은 백성들이 전염병에 걸리는 재난과 다른 나라가 침범하는 재난과 자기 나라에서 역적이 모반하는 재난과 별[星宿]들이 괴변을 나타내는 재난과 해와 달이 희미해지고 이지러지는 재난과 폭풍우의 재난 등을 말합니다.

이러한 때에 왕족 등 지배 계급이나 임금이 일체 중생에게 자비한 마음을 내고 특사(特赦)를 내려 감옥에서 고생하는 모든 중생을 해방시키며, 위에서 말한 법식대로 칠불여래 부처님을 공양한다면, 이 선근과 부처님들의 본래 원력으로 말미암아 바로 나라가 평온하게 되고, 비바람이 순조로와서 농사가 풍작이 되며, 온 나라 중생이 병 없이 안락하고, 또한 포악한 야차등 귀신들의 요란함이 없이 일체 나쁜 현상이 모두 쓰러지며, 왕족 등 지배계급이나 임금도 다 수명과 기력을 더하여 병없이 자재할 것입니다.

대덕 아난이여, 만약 임금·왕후와 공주·태자·대신·궁녀·관리와 백성들이 병고와 여러 재난을 만났을 적에도, 또한 마땅히 칠불여래 부처님의 형상을 만들어 모시고, 이 경전을 외우며, 등불을 켜놓고, 번기를 만들어 장엄하며, 많은 생명을 방생(放生)하고, 지성껏 공양하면서 향을 피우고 꽃을 흩어 뿌린다면, 바로 병고가 소멸하고 모든 재난을 해탈할 것입니다."

그 때 비구 아난은 구탈 보살에게 물었다.

"선남자여, 어찌하여 이미 다하려는 생명을 늘인다고 합니까?"

구탈 보살은 말하였다.

"대덕이여, 당신은 어찌하여 부처님께서 말씀하신 아홉 가지 횡사(橫死)를 아직 듣지 못하였습니까? 그러므로 세존께서는 주문이나 의약으로써 그 형편에 따라 치료하는 것과 등불을 켜거나 번기를 만들어 놓고 모든 복업을 닦는 것을 말씀하셨나니, 그러한 복을 닦기 때문에 수명을 연장하게 되는 것입니다."

제12절. 구횡사(九橫死) 벗어나는 길

비구 아난은 물었다.

"구(九) 횡사는 무엇입니까?"

구탈 보살은 말하였다.

"그 하나는 어떤 중생이 비록 가벼운 병을 얻었을지라도 의약과 간호하는 이가 없다거나, 만약 의원을 만났을지라도 미처 약을 쓰지 못하여 죽지 않을 것을 잘못 죽게 된다거나, 또는 세간의 삿된 마구니와 외도의 요사스런 스승이 망녕되게 지껄이는 화복설(禍福說)을 믿고 문득 겁에 질려 마음을 바로 가누지 못하고, 길흉을 점쳐본 다음 여러 생명을 살해하여 신(神)에게 고사하고 재난을 풀어주기를 요구하며, 도깨비같은 것을 불러들여 복을 청하고 은혜를 빌어 수명을 늘이려 하나, 얻지 못한 채 미혹하고 뒤바뀐 소견으로 결국 잘못 죽어 지옥에 떨어져서 벗어날 기약이 없는 것이요.

그 둘은 국법에 잘못 걸려 죽음을 당하는 것이요,

그 셋은 사냥하고 노름놀이하고 여색을 좋아하고 술을 즐겨 하여 거침없이 방탕하다가 잘못하여 *비인(非人)에게 그 정기를 빼앗기는 것이요,

그 넷은 잘못하여 불에 타서 죽는 것이요,

그 다섯은 잘못하여 물에 빠져 죽는 것이요,

그 여섯은 잘못하여 사나운 짐승에게 잡아먹힘을 당하는 것이요,

그 일곱은 잘못하여 높은 절벽에서 떨어져 죽는 것이요,

그 여덟은 독약이나 가위눌림 · 저주 · 까무러치는 것 등에 잘못 걸려 죽는 것이요,

그 아홉은 배고프고 목마름에 시달려도 음식을 먹지 못하여 잘못 죽는 것 등입니다.

이것이 부처님께서 대략 말씀하신 아홉 가지 잘못 죽는 것이며, 또 그 밖에도 잘못 죽는 것이 한량 없이 많으나 이루 다 말하기 어렵습니다.

또한 아난이여, 염라왕이 세간 중생의 명부를 기록하고 있나니, 만약 중생이 효도하지 않고 *오역죄를 저지르며 삼보를 비방하여 욕하거나, 임금과 신하의 법도를 무너뜨리고 계율을 깨뜨린다면, 염라왕이 죄의 경중을 따라 이를 고문하여 형벌을 주는 것입니다.

그러므로 내가 지금 여러 중생에게 권하여 등불을 켜고 번기를 만들며 많은 중생을 방생하고 복을 닦도록 하는 것은 그들이 고난을 벗어나고, 여러 가지 재난을 나지 않게 하려는 것입니다."

제13절. 십이야차(十二夜叉) 대장의 맹세

그 때 대중 가운데 *십이야차대장도 자리를 같이하고 있었는데, 그 이름은 궁비라대장·발절라대장·미기라대장·알이라대장·말이라대장·사이라대장·인다라대장·바이라대장·부호라대장·진달라대장·주두라대장·비갈라대장들이었다.

이 십이야차대장에게는 각기 칠천야차가 딸려 그 권속이 되었는데 일시에 소리를 내어 부처님께 사뢰어 말하였다.

"세존이시여, 이제 저희들은 부처님의 위신력을 입어 칠불여래 부처님의 이름을 듣고 모든 악도에서도 다시는 공포함이 없겠사오며, 저희들은 서로 마음을 한결같이 하여 몸이 다할 때까지 불·법·승 삼보에 귀의하옵고, 맹세코 일체중생에 대한 책임을 져서, 그들이 이롭고 풍족하고 안락하도록 보호하겠사오며, 도시나 시골이나 그윽한 숲속 등 어느 곳에든지 이 경전을 널리 퍼뜨려 독송하도록 하겠사옵고, 혹은 칠불여래 부처님의 이름을 받아 지니고 공경하며 공양하는 이는 저희들 권속이 그를 호위하여 모든 화난(禍難)을 벗어나고 소원이 모두 만족하도록 하겠사오며, 혹은 병고나 악운에 시달려 벗어나기를 바라는 이가 있다면, 마땅히 그들로 하여금 이 경전을 독송하되, 다섯 빛깔의 실오라기로 저희들의 이름을 맺어 두었다가, 소원을 이룬 뒤에 그 맺은 것을 풀도록 하겠사옵니다."

그 때 부처님께서는 모든 야차대장을 칭찬하여 말씀하셨다.

"기특하고 기특하다. 야차대장들이여, 그대들은 마땅히 칠불여래 부처님의 은덕에 보답하기를 명심하여, 항상 이와 같이 일체 중생을 이롭고 안락하게 하도록 노력하여라."

제14절. 칠불여래(七佛如來)의 나투심

그 때 모임 가운데 있던 많은 천상 무리들은 그 지혜가 모자라기 때문에 이런 생각을 하였다.

'어찌하여 저 *항하사(恒河沙)와 같이 많은 불국토(佛國土)를 지나서, 멀리 계시는 칠불여래 부처님의 이름을 잠깐 동안 듣는 그것이 바로 한량 없이 수승한 공덕을 얻는다고 하는가' 라고.

이에 석가모니 부처님께서는 모든 천상무리들의 속셈을 환히 살피시고, 이내 '일체 여래를 일깨워 초청하는 심심미묘한 선정' 에 드셨다.

잠시 선정에 드시자, 모든 *삼천 대천세계가 여섯가지로 진동하고 천상의 신묘한 꽃과 천상의 향 가루가 비오듯 쏟아졌다.

그 때 저 칠불여래 부처님은 이와 같은 광경을 보시고, 각기 그 세계로 부터 사바세계에 이르시어 석가여래 부처님과 서로 인사를 하시었다.

이에 칠불여래 부처님께서는 과거 세상의 원력으로 말미암아 각기 천상의 보배로 장엄한 사자자리[獅子座] 위에 편안히 앉으시어, 여러 보살과 천신·용 등 팔부 신중(神衆)들과 사람 및 비인(非人)과 임금·왕자며 왕후·공주들과 여러 대신·바라문·장자·거사들에게 앞뒤로 둘러싸여 설법하고 계시는 것이었다.

제15절. 대중의 찬탄공양과 서원

그 때 모든 천상 무리들은 저 칠불여래 부처님께서 구름 모이듯 하셨음을 보고, 참으로 *희유(希有)하다는 생각이 들어 바로 그네들의 의심이 풀렸다.

그래서 모든 대중은 일찍이 없었던 일이라 찬탄하면서 한결같이 찬양하였다.

"거룩하고 거룩하사이다. 석가여래 부처님이시여, 저희들을 이롭게 하시고 의혹을 풀어 주시기 위하여, 저 칠불여래 부처님을 모두 이곳에 오시도록 하셨사옵니다."

그리고 모든 대중은 제각기 그 능력에 따라 신묘한 향화(香華)와 찬란한 여러 가지 영락과 모든 천상 풍악을 가지고 부처님들께 공양하고 바른 쪽으로 일곱번 돌며 합장 공경하며 예배하고 나서 찬탄하여 말하였다.

"희유하고 희유하옵니다. 모든 부처님의 한없이 깊은 경계는 이루 생각할 수도 없는 불가사의한 경계시옵니다.

이는 본래의 원력과 교묘하신 방편으로 말미암아 이와 같이 신기한 현상을 나투시었사옵니다."

이에 대중들은 제각기 서원을 세우기를,

'모든 중생이 다 한결같이 이처럼 부처님의 수승한 선정을 얻기를 원하옵니다.' 라고 다짐하였다.

제16절. 문수사리(文殊師利)의 간청

그 때 문수사리는 곧 자리에서 일어나 공경히 합장하고 부처님들을 일곱번 돌며 그 발 아래 예배하고 부처님께 사뢰어 말하였다.

"거룩하고 거룩하사이다. 부처님의 선정의 힘은 불가사의하며 본래 세우신 원력과 교묘하신 방편으로 중생을 성취케 하시옵니다.

원하옵건대 위대한 힘을 지닌 신주(神呪)를 설하시어, 이 다음 세상에 박복한 중생들이 병고에 시달리거나 해와 달과 별들의 재난을 당한 이나 전염병과 원수를 만난 이나 험악한 길에 다니다가 심난한 공포와 고난을 당한 이들로 하여금 의지하여 편안함을 얻게 하옵소서.

그리고 모든 중생이 그 신주를 자기가 베끼든지 남을 시켜 베껴서 받아 지니고 읽어 외우며 또는 널리 남을 위하여 일러 준다면, 항상 모든 부처님의 호념을 입겠사옵고, 또한 부처님께서 친히 그 모습을 나투시어 소원을 만족케 하실 것이오며, 그리하여 중생들이 악도에 떨어지지 않고, 잘못 죽는 일도 없겠사옵니다."

제17절. 여래정력유리광신주(如來定力瑠璃光神呪)

이에 부처님께서는 문수사리를 칭찬하여 말씀하셨다.

"갸륵하고 갸륵하다. 이는 우리의 위신력으로 그대로 하여금 중생을 불쌍히 여기어 모든 고난을 여읠 신주(神呪)를 설하여 줄 것을 청하도록 하였으니, 그대는 착실히 듣고 잘 생각하고 기억하여라. 우리가 이제 마땅히 설하여 주겠노라.

문수사리여, 위대한 신주가 있어 그 이름을 '여래정력유리광(如來定力瑠璃光)' 이라 하나니, 누구나 이를 베끼고 독송하고 공경하며 모든 중생에게 불쌍히 여기는 마음을 일으킨다면, 그 소원이 모두 만족하게 이루어지고, 여러 부처님이 몸을 나투어 호념하시며, 온갖 업장과 고뇌를 여의고 반드시 부처님 세계에 태어나게 되느니라."

그 때 바로 칠불여래 부처님은 같은 음성으로 신주를 설하셨다.

"달질타 구미구미 예니미니히 말저말저 삽다달타 아다삼마지 알제슬치제 알제말제 파예 파피수단이 살바파피나세야 발제발도 올답미 오미구미 불탁기달라 발리수단이 담미녜 담미 미로미로 미로시걸려 살바가라 밀율도 니바라이 발제소발제 불타알제 슬타니나 갈락차도미 살바제바 삼미알삼미 삼만다 한란도미 살바붇타 보제살타 점미점미 발라점만도미 살바이저 오파달바 살바비하대야 살바살타 난자보란니 보란니 보란야미 살바아사 폐유리야 발라저바세 살바파피 차양갈려 사바하."

그 때 칠불여래 부처님께서 이 신주를 설하시자, 광명이 두루 비치고 온 대지가 진동하였으며, 갖가지 신통한 변화가 일시에 모두 나투었다.

이에 모든 대중은 이런 일을 본 다음 제각기 능력에 따라 천상의 향화와 바르는 향과 가루향 등을 가지고 부처님들께 받들어 올리고, 모두 소리를 함께 하여 '거룩하사이다'라고 찬탄하면서 바른 쪽으로 일곱번 돌았다.

그 때 부처님들께서는 같은 음성으로 소리를 높여 말씀하셨다.

"그대들 모든 사람과 천상 대중은 마땅히 이렇게 알아야 하느니라.

만약 선남자·선여인이나 임금·왕후·왕자나 대신이나 관리들이 이 신주를 받아 지니고 읽어 외우며, 남에게도 말하여 들려주고 신묘한 향화로써 경전에 공양하되, 새옷을 갈아 입고 깨끗한 처소에서 팔재계를 지키며, 언제나 모든 중생에게 자비한 마음을 내면서 정성껏 공양한다면, 한량없는 복을 얻을 것이니라.

또한 어떤 사람이 기도를 올릴 적에는 마땅히 칠불여래 부처님의 형상을 조성하여 정결한 처소에 모시고, 여러 가지 향화·당번(幢幡)과 일산과 좋은 음식과 온갖 풍악을 가지고 공양하며, 아울러 보살들과 여러 천신을 공양하고 불상 앞에 단정히 앉아 신주를 외우되, 이렛동안 팔재계를 지키면서 일천 여덟 번을 외운다면, 여러 부처님과 보살들이 모두 호념하시고, 또한 *집금강(執金剛)보살과 제석천·범천과 사천왕들도 와서 그 사람을 옹호하여, 다섯 가지 *무간죄와 일체업장이 다 소멸하며 병 없이 수명을 늘이고, 또한 잘못 죽는 일과 모든 전염병과 다른 지방의 도적이 와서 경계를 침범하려는 것과 다투고 전쟁하는 것과 송사하고 원수지는 것과 배고프고 흉년드는 것과 가뭄고 장마지는 것 등 일체 화난이 모조리 제거되어 그 모두가 마치 부모처럼 자비한 마음을 내게 되며 원하던 바가 뜻대로 되지 않음이 없을 것이니라."

제18절. 집금강보살(執金剛菩薩)과 천신(天神)들의 서원

그 때 집금강보살과 제석천 · 범천과 사천왕이 자리에서 일어나 공경히 합장하며 석가모니 부처님의 발아래 예배하고 사뢰어 말하였다.

"세존이시여, 저희들 대중이 여러 부처님의 본래 원력과 수승하신 공덕을 들었사옵고, 또한 여러 부처님의 자비가 이와 같이 극진하시어, 저희들 대중으로 하여금 지성껏 공양을 올리도록 깨우쳐주심을 받들어 뵈었습니다.

세존이시여, 만약 어떤 곳에 이 경전과 칠불여래 부처님의 이름과 다라니(신주)를 널리 퍼뜨리며 공양하거나 또는 베끼거나 한다면, 저희들이 모두 부처님의 위신력을 받들고 바로 그 곳에 나아가서 그들을 옹호하되, 임금 · 대신이나 도시나 시골의 모든 남녀를 막론하고, 그들이 온갖 괴로움과 모든 병고에 시달리지 아니하여 언제나 편안하고 재물과 의식이 풍족하도록 하겠사오니, 이것이 바로 저희들이 모든 부처님의 깊은 은혜에 보답하는 길이옵니다.

세존이시여 저희들이 직접 부처님 앞에서 요긴한 서원을 세웠사오니, 만약 청신사·청신녀로서 저희들을 생각하는 이는 마땅히 다음 신주(神呪)를 외워야 하옵니다."

그리고 곧 신주를 설하였다.

"달질타 요구막구 달라구 마마구구쇄 가호 갑 말라말라말라 긴수쇄포쇄 사바하."

"또한 청신사·청신녀나 임금·왕자나 대신·관리나 왕후·궁녀들이 칠불여래 부처님의 이름과 이 신주를 외우며 베껴 독송하고 공경하며 공양한다면, 누구나 다 현세에 병 없이 수명이 길며, 온갖 괴로움을 여의고 삼악도에 떨어지지 않을 것이며, 물러나지 않는 불퇴전의 자리에 이르고, 마침내 보리(菩提)를 성취할 것입니다.

그리고 저 칠불여래 부처님의 세계에 마음대로 태어나서, 항상 여러 부처님을 뵈올 것이며, 숙명통을 얻고 정념(正念)과 정정(正定)과 총지(總持)를 모두 원만히 갖추게 될 것입니다.

또한 귀신의 시달림[鬼祟]이나 학질 같은 병을 앓을 적에도, 이 신주를 베껴서 팔뚝에 매어 두었다가, 병이 나은 뒤에는 청정한 곳에 두도록 해야 할 것입니다."

제19절. 집금강보살(執金剛菩薩)의 신주(神呪)

그 때 집금강보살은 칠불여래 부처님 앞에 나아가 바른 쪽으로 세번 돌고 낱낱이 공경히 예배한 다음 사뢰어 말하였다.

"부처님이시여, 원하옵건대 자비를 베푸시어 저를 호념하여 주옵소서. 지금 저는 이 다음 세상에 이 경전을 지니는 선남자나 선여인을 이롭게 하기 위하여 다시 다라니(신주)를 설하겠나이다."

이에 칠불여래 부처님은 집금강보살을 칭찬하여 말씀하셨다.

"갸륵하고 갸륵하도다 집금강이여, 우리가 그대를 가호하여 줄 터이니 모름지기 신주를 설하여 다음 세상에 이 경전을 지니는 이를 옹호하여 모든 괴로움을 없애고 그들의 소원을 만족하게 하여라."

그 때 집금강보살은 바로 신주를 설하였다.

"남마삽다남 삼먁삼붇타남 남마살바발절라 달라남 달질타 옴 발절쇄 발절쇄막하 발절쇄 발절라파사 타라이삼마 삼마 삼만다 아발라저 알다발절쇄 점마점마 발라점만도미 살바 하대야 구로구로 살바갈마 아대라나 이차야삼마야 말노삼 말라 부가반발절라 파이살바사 미발리 보라야 사바하."

"또한 부처님이시여, 어떤 사람이 칠불여래 부처님의 이름을 지니고 부처님의 본래 원력과 공덕을 생각하며, 아울러 이 신주를 지니고 독송하고 연설한다면, 제가 그 사람으로 하여금 소원이 만족하여 모자람이 없도록 하겠사옵니다.

또한 만약 저를 만나서 미래의 선과 악을 묻고자 하는 이가 있다면, 마땅히 이 경전을 베끼고 일곱 부처님의 형상과 집금강의 형상을 만들되, 그 형상에는 낱낱이 부처님의 사리(솔利:법신 사리도 좋음)를 모시도록 한 다음, 그 형상 앞에는 위에서 말한 바와 같은 온갖 것으로 공양하며 예배하고 부처님의 둘레를 돌며, 모든 중생에게 자비한 마음을 내고 팔재계를 지키면서 날마다 세 때로 정결히 목욕하고 세 때로 옷을 갈아 입으며, 그 달 초 여드렛 날로 부터 보름날에 이르도록 칠일 동안 날마다 이 신주를 일백 여덟번씩 외우고 산란한 마음이 없다면, 제가 스스로 꿈속에 현몽하여 함께 말하여 주고 그가 요구하는 대로 모두 만족케 하여 주겠나이다."

그 때 수 많은 대중 가운데 있던 여러 보살들이 모두 함께 칭찬하여 말하였다.

"갸륵하고 갸륵하오. 집금강이여, 불가사의한 다라니(신주)를 참으로 잘 말씀하였습니다."

제20절. 칠불여래(七佛如來)의 호념과 부촉

이에 칠불여래 부처님께서 말씀하셨다.

"그대가 설한 바 일체 중생을 이롭게 하기 위한 이 신주를 옹호하여 모두 다 안락함을 얻도록 하고, 소원이 원만히 이루어지게 할 것이며, 또한 이 신주가 세상에서 없어지지 않도록 호념할 것이니라."

그리고 다시 칠불여래 부처님은 모든 보살과 제석천과 범천과 사천왕들에게 이르시기를,

"우리가 지금 이 신주와 경전을 그대들에게 부탁하여 맡기노니, 이 다음 오백년을 지나서 불법이 없어지려고 할 무렵에 그대들은 마땅히 이 경전을 잘 옹호하고 지니도록 하여라.

이 경전은 위신력과 이익이 한량없이 많아서, 능히 온갖 죄를 소멸하고 모든 좋은 소원을 이루게 하나니, 저 바른 법을 비방하고 성현들을 헐뜯는 박복한 중생에게 이 경전을 함부

로 전수하여 정법(正法)이 쉽게 멸하지 않도록 하여라."
고 당부하셨다.

이에, 동방 세계에서 오신 칠불여래 부처님들께서는 모든 대중이 할 일을 이미 다하고 기회와 인연이 만족하여 다시 의혹됨이 없을 것을 살피시고, 각기 본래 국토로 돌아가려고 하시자, 홀연히 그 자리에서 보이지 않으셨다.

제21절. 경전의 이름과 대중의 환희

그 때 비구 아난은 바로 자리에서 일어나 부처님의 발 아래 예배하고 바른 무릎을 땅에 대며 공경히 합장하고 부처님께 사뢰어 말하였다.

"부처님이시여, 이 경전의 이름을 마땅히 무엇이라 하오며, 저희들이 어떻게 받아 지녀야 하옵니까?"

부처님은 아난에게 말씀하셨다.

"이 경(經)의 이름은 「칠불(七佛)·여래(如來)·응공(應供)·정등각(正等覺)의 본원 공덕 수승 장엄경(本願功德殊勝莊嚴經)」이라 할 것이며, 또한 「문수사리가 물은 경(經)」이라 할 것이며, 또한 「약사유리광여래의 본래(本來) 원력(願力)과 공덕(功德)의 경(經)」이라 할 것이며, 또한 「집금강 보살이 서원을 세운 요긴한 경(經)」이라 할 것이며, 또한 「일체 업장을 말끔히 소멸하는 경(經)」이라 할 것이며, 또한 「소원이 원만히 이루어지는 경(經)」이라 할 것이며, 또는 「십이야차대장이 옹호하고 지닐 것을 서원한 경(經)」이라 할 것이니, 그대들은 마땅히 이러한 이름으로 받들어 지니도록 하여라."

이에 부처님께서 이 경전을 설법하여 마치시자, 모든 거룩한 보살들과 비구들을 비롯하여, 여러 천상대중과 용과 야차·건달바(乾闥婆)와 아수라(阿修羅)·가루라(迦樓羅)·긴나라(緊那羅)·마후라가(摩睺羅迦)와 사람과 사람 아닌 것등의 일체 대중이 부처님의 설법을 듣고, 모두 한결 같이 크게 환희하여 깊이 믿어 간직하고 받들어 수행하였다.

제3편

漢文 藥師瑠璃光七佛本願功德經

藥師瑠璃光七佛本願功德經 (卷上)

唐 三藏法師 義淨 奉詔譯

如是我聞

一時 薄伽梵 遊化諸國 至廣嚴城 在樂音樹下 與大苾芻衆 八千人俱 菩薩摩訶薩 三萬六千

其名曰　曼殊室利菩薩・觀自在菩薩・慈氏菩薩・善現菩薩・大慧菩薩・明慧菩薩・山峯菩薩・辯峯菩薩・持妙高峯菩薩・不空超越菩薩・微妙音菩薩・常思惟菩薩・執金剛菩薩　如是等諸大菩薩 而爲上首

及諸國王 大臣 婆羅門 居士 天龍八部 人非人等 無量大衆 恭敬圍繞 而爲說法

初中後善 文義巧妙 純一圓滿 清淨鮮白 梵行之相 示敎利喜 皆令具足 微妙行願 趣大菩薩

爾時 曼殊室利法王子菩薩摩訶薩 承佛威神 從座而起 偏袒右肩 右膝着地 合掌恭敬 而白佛言

世尊 今有無量人天大衆 爲聽法故 皆已雲集

唯佛世尊 從初發意 乃至於今 所有無量 塵沙數劫 諸佛刹土 無不知見 願爲我等 及未來世 像法衆生 慈悲演說 諸佛名號 本願功德 國土莊嚴 善巧方便 差別之相 令諸聞者 業障消除 乃至菩提 得不退轉

爾時世尊 讚曼殊室利菩薩言 善哉善哉 曼殊室利 汝以大悲 愍念無量業障有情 種種疾病 憂悲苦惱 得安樂故 勸請我說 諸佛名號 本願功德 國土莊嚴

此由如來威神之力 令發斯問 汝今諦聽 善思惟之 當爲汝說 曼殊室利言 唯願爲說 我等樂聞

佛告曼殊室利 東方去此過 四殑伽河沙佛土 有世界 名曰光勝 佛號 善名稱吉祥王如來 應 正等覺 明行圓滿 善逝 世間解 無上丈夫 調御士 天人師 佛 世尊

有無量億衆不退菩薩之所圍繞 安住七寶勝妙莊嚴獅子之座 現在說法

曼殊室利 彼佛國土 清淨嚴飾 縱廣正等 百千踰繕那 以贍部金而爲其地 平正柔軟 氣如天香 無諸惡趣 及女人名 亦無瓦礫 沙石棘刺 寶樹行列 華果滋繁 多有浴池 皆以金銀 眞珠雜寶 而爲砌飾

曼殊室利 彼國菩薩 皆於七寶蓮華化生 是故 淨信善男子善女人 皆當願生 彼佛國土

曼殊室利 彼佛 如來 應 正等覺 從初發心 行菩薩道時 發八大願 云何爲八

第一大願 願我來世 得無上菩提時 若有衆生 爲諸病苦 逼切其身 熱病諸瘧 蠱道魔魅 起屍鬼等之所惱害 若能至心 稱我名者 由是力故 所有病苦 悉皆消滅 乃至證得 無上菩提

第二大願 願我來世 得菩提時 若有衆生 盲聾瘖瘂 白癩癲狂 衆病所因 若能至心 稱我名者 由是力故 諸根具足 衆病消滅 乃至菩提

第三大願 願我來世 得菩提時 若有眾生 爲貪瞋痴之所纏逼 造無間罪 及諸惡行 誹謗正法 不修眾善 當墮地獄 受諸苦痛 若能至心 稱我名者 由是力故 令無間罪 及諸業障 悉皆消滅 無有眾生 墮惡趣者 常受人天 殊勝安樂 乃至菩提

第四大願 願我來世 得菩提時 若有眾生 少乏衣食 瓔珞臥具 財貨珍寶 香華伎樂 若能至心 稱我名者 由是力故 所乏資生 皆得充足 乃至菩提

第五大願 願我來世 得菩提時 若有眾生 或被枷鎖 繫縛其身 及以鞭撻 受諸苦惱 若能至心 稱我名者 由是力故 所有苦惱 皆得解脫 乃至菩提

第六大願 願我來世 得菩提時 若有眾生 於險難處 爲諸惡獸 熊羆獅子 虎豹豺狼 蚖蛇蝮蠍之所侵惱 欲斷其命 發聲大叫 受此苦時 若能至心 稱我名者 由是力故 所有恐怖 皆得解脫 諸惡獸等 悉起慈心 常得安樂 乃至菩提

第七大願 願我來世 得菩提時 若有眾生 鬪諍言訟 因生憂惱 若能至心 稱我名者 由是力故 鬪訟解散 慈心相向 乃至菩提

第八大願 願我來世 得菩提時 若有衆生 入於江海 遭大惡風吹 其船舫 無有洲渚 而作歸依 極生憂怖 若能至心 稱我名者 由是力故 皆得隨心 至安穩處 受諸快樂 乃至菩提

曼殊室利 是謂彼佛如來 應正等覺 行菩薩道時 所發八種微妙大願

又彼世尊 從初發心 常以定力 成就衆生 供養諸佛 嚴淨佛土 菩薩眷屬 悉皆圓滿 此之福德 不可思議 一切聲聞 及諸獨覺 縱經多劫 說不能盡 唯除如來 補處菩薩

曼殊室利 若有淨信男子女人 若王大臣 長者居士 心希福德 斷諸煩惱 稱彼佛名 讀斯經典 於彼如來 至心尊重 恭敬供養所有一切 罪惡業障 及諸病苦 悉皆消滅 諸有願求 無不隨意得不退轉 乃至菩提

復次 曼殊室利 東方去此過 五殑伽河沙佛土 有世界 名曰妙寶 佛號 寶月智嚴光音自在王如來 應正等覺 有無量億菩薩圍繞現在說法 皆演大乘 微妙深義 曼殊室利 彼佛如來 從初發心 行菩薩道時 發八大願 云何爲八

第一大願 願我來世 得菩提時 若有眾生 爲營農業 及商賈事 令心擾亂 廢修菩提 殊勝善法 於生死中 不能出離 各各備受 無邊苦惱 若能至心 稱我名者 由是力故 衣服飲食 資生之具 金銀珍寶 隨願充足 所有善根 皆得增長 亦不捨離 菩提之心 諸惡道苦 咸蒙解脫 乃至菩提

第二大願 願我來世 得菩提時 於十方界所有眾生 若爲寒熱 飢渴逼身 受大苦惱 若能至心 稱我名者 由是力故 先世罪業 悉皆消滅 捨諸苦惱 受人天樂 乃至菩提

第三大願 願我來世 得菩提時 於十方界若有女人 貪婬煩惱 常覆其心 相續有娠 深可厭惡 臨當產時 受大苦惱 聞我名字 暫經其耳 或復稱念 由是力故 眾苦皆除 捨此身已 常爲男子 乃至菩提

第四大願 願我來世 得菩提時 若有眾生 或與父母 兄弟姉妹 妻子眷屬 及諸親友 行險難處 爲賊所侵 受諸苦惱 暫聞我名 或復稱念 由是力故 解脫眾難 乃至菩提

第五大願 願我來世 得菩提時 若有眾生 行於暗夜 作諸事業 被惡鬼神之所惱亂 極生憂苦 暫聞我名 或復稱念 由是力故 從暗

遇明 諸惡鬼神 起慈悲意 乃至菩提

第六大願 願我來世 得菩提時 若有衆生 行鄙惡事 不信三寶 智慧鮮少 不修善法 根力覺道 念定總持 皆不修習 若能至心 稱我名者 由是力故 智慧漸增 三十七品 悉皆修學 深信三寶 乃至菩提

第七大願願我來世得菩提時若有衆生意樂鄙劣於二乘道修行而住棄背無上勝妙菩提若能至心稱我名者捨二乘見於無上覺得不退轉乃至菩提

第八大願 願我來世 得菩提時 若有衆生 見劫將盡 火欲起時 生大憂怖 苦惱悲泣 由彼前身惡業力故 受斯衆苦 無所歸依 若能至心 稱我名者 所有憂苦 悉皆消滅 受淸涼樂 從此命終 於我佛土 蓮華化生 常修善法 乃至菩提

曼殊室利 是爲彼佛如來 應正等覺 行菩薩道時 所發八種微妙大願 又彼如來 所居佛土 廣博嚴淨 地平如掌 天妙香樹 而爲行列 天華遍覆 天樂常鳴 天妙鈴鐸 隨處懸布 天寶莊嚴 師子之座 天寶砌飾 諸妙浴池 其地柔軟 無諸瓦礫 亦無女人 及諸煩惱 皆是不退 諸菩薩衆 蓮華化生 若起念時 飮食衣服 及諸資具 隨意現

前 是故名爲 妙寶世界

曼殊室利 若有淨信 男子女人 國王王子 大臣輔相 中宮婇女 晝夜六時 慇重至心 恭敬供養 彼佛世尊 及稱名號 幷造形像 香華音樂 燒香末香 塗香 而爲奉獻 清淨嚴潔 於七日中 持八戒齋 於諸衆生 起慈悲意 願生彼土 彼佛世尊 及諸菩薩 護念是人 一切罪業 悉皆消滅 無上菩提 得不退轉 於貪恚痴 漸得微薄 無諸病苦 增益壽命 隨有希求 悉皆如意 鬪諍怨家 咸生歡喜 捨此身已 往彼剎土 蓮華化生 當生之時 念定總持 悉皆明了

曼殊室利 如是當知 彼佛名號 無量功德 若得聞者 所願皆成

復次 曼殊室利 東方去此過 六殑伽河沙佛土 有世界 名曰圓滿香積 佛號 金色寶光妙行成就如來 應正等覺 有無量億萬 菩薩圍繞 現在說法

曼殊室利 彼佛如來 從初發心 行菩薩道時 發四大願 云何爲四

第一大願 願我來世 得菩提時 若有衆生 造作種種 屠害之業 斷諸生命 由斯惡業 受地獄苦 設得爲人 短壽多病 或遭水火 刀毒

所傷 當受死苦 若聞我名 至心稱念 由是力故 所有惡業 悉皆消滅 無病長壽 不遭橫死 乃至菩提

第二大願 願我來世 得菩提時 若有眾生 作諸惡業 盜他財物 當墮惡趣 設得爲人 生貧窮家 乏少衣食 常受諸苦 若聞我名 至心稱念 由是力故 所有惡業 悉皆消滅 衣服飲食 無所乏少 乃至菩提

第三大願 願我來世 得菩提時 若有眾生 更相陵慢 共爲讐隙 若聞我名 至心稱念 由是力故 各起慈心 猶如父母 乃至菩提

第四大願 願我來世 得菩提時 若有眾生 貪欲瞋恚 愚痴所纏 若出家在家 男女七眾 毀犯如來 所制學處 造諸惡業 當墮地獄 受諸苦報 若聞我名 至心稱念 由是力故 所有惡業 悉皆消滅 斷諸煩惱 敬奉尸羅 於身語心 善能防護 永不退轉 乃至菩提

曼殊室利 是爲彼佛如來 應正等覺 行菩薩道時 所發四種 微妙大願

曼殊室利 又彼如來 所居佛土 廣博嚴淨 地平如掌 皆以寶成 常有香氣 如妙栴檀 復以香樹 而爲行列 天妙珠瓔 摩尼等寶 處處

垂下 多有浴池 天寶嚴飾 香水盈滿 衆德皆具 於其四邊 懸妙繒綵 街衢八道 隨處莊嚴 所有衆生 無諸煩惱 及憂悲苦 亦無女人 多是住地 諸菩薩衆 勝妙音樂 不鼓自鳴 演說大乘 微妙深法 若有衆生 聞此音者 得不退轉 無上菩提

曼殊室利 彼佛如來 由昔願力 善巧方便 成就佛土 圓滿莊嚴 坐菩提座 作如是念 於未來世 若有衆生 爲貪瞋痴之所纏繞 衆病所逼 怨家得便 或時橫死 復由惡業 墮地獄中 受大劇苦 彼佛見此 苦惱衆生 爲除業障 說此神呪 令彼受持 於現世中 得大利益 遠離衆苦 住菩提故 即說呪曰

呾姪他 悉睇悉睇 蘇悉睇 謀折儞 木刹儞 目帝毘目帝 菴末麗 毘末麗 忙揭例 呬囕若 揭鞞曷喇呾娜 揭鞞薩婆頞他 婆但儞鉢囉摩頞他 娑但儞 末捺細 莫訶末捺細 頞步帝 頞室步帝 毘多婆曳 蘇跋泥 跋囉蚶麼 瞿使佉 跋囉蚶麼 柱使帝薩婆 頞剃數 阿鉢囉市帝 薩跋呾囉 阿鉢喇底啾帝 折覩殺 瑟勃陀俱胝 婆使帝 納麼娑婆 呾他揭多喃 莎訶

爾時世尊 說此大力大明呪時 衆中所有 諸大菩薩 四大天王 釋梵王等 讚言 善哉善哉 大悲世尊 能說如是 過去如來 大力神呪 爲欲饒益 無量衆生 竭煩惱海 登涅槃岸 除去疾病 所願皆滿

佛告大衆

若有淨信 男子女人 國王王子 及以大臣輔相 中宮婇女 情希福德 於此神呪 起敬信心 若讀若誦 若爲他人 演說其義 於諸含識 起大悲心 晝夜六時 香華燈燭 慇重供養 清淨澡浴 持八戒齋 至誠念誦 所有極重 無邊業障 悉皆消滅 於現身中 離諸煩惱 命欲終時 諸佛護念 即於彼國 蓮華化生

復次 曼殊室利 東方去此過 七殑伽河沙佛土 有世界 名曰無憂 佛號 無憂最勝吉祥如來 應正等覺 今現在彼 爲衆說法

又彼如來 所居佛土 廣博嚴淨 地平如掌 皆以寶成 細滑柔軟 常有香氣 無憂苦聲 離諸煩惱 亦無惡趣 及女人名 處處皆有 金砌浴池 香水盈滿 寶樹行列 華果滋茂 勝妙音樂 不鼓自鳴 譬如西方 極樂世界 無量壽國 功德莊嚴

曼殊室利 彼佛世尊 行菩薩道時 發四大願 云何爲四

第一大願 願我來世 得菩提時 若有衆生 常爲憂苦之所纏逼 若聞我名 至心稱念 由是力故 所有憂悲 及諸苦惱 悉皆消滅 長壽

安穩 乃至菩提

第二大願 願我來世 得菩提時 若有眾生 造諸惡業 生在無間 黑暗之處 大地獄中 受諸苦惱 由彼前身 聞我名字 我於爾時 身出光明 照受苦者 由是力故 彼見光時 所有業障 悉皆消滅 解脫眾苦 生人天中 隨意受樂 乃至菩提

第三大願 願我來世 得菩提時 若有眾生 造諸惡業 殺盜邪婬 於其現身 受刀杖苦 當墮惡趣 設得人身 短壽多病 生貧賤家 衣服飲食 悉皆乏少 常受寒熱 飢渴等苦 身無光色 所感眷屬 皆不賢良 若聞我名 至心稱念 由是力故 隨所願求 飲食衣服 悉皆充足 如彼諸天 身光可愛 得善眷屬 乃至菩提

第四大願 願我來世 得菩提時 若有眾生 常爲藥叉 諸惡鬼神之所嬈亂 奪其精氣 受諸苦惱 若聞我名 至心稱念 由是力故 諸藥叉等 悉皆消散 各起慈心 解脫眾苦 乃至菩提

曼殊室利 是爲彼佛如來 應正等覺 所發四種 微妙大願

若有眾生 聞彼佛名 晝夜六時 稱名禮敬 至心供養 於眾生處 起慈悲心 業障消滅 解脫憂苦 無病長壽 得宿命智 於彼佛土 蓮華

약사경

化生 常爲諸天之所衛護

曼殊室利 稱彼佛名 能生如是 無量福業 而彼佛土 願力莊嚴 殊勝功德 聲聞獨覺 所不能知 唯除如來 應正等覺

復次 曼殊室利 東方去此過 八殑伽河沙佛土 有世界 名曰法幢 佛號 法海雷音如來 應正等覺 今現設法

曼殊室利 彼佛世尊 所居國土 淸淨無穢 其地平正 玻瓈所成 常有光明 香氣芬馥 以帝靑寶 而爲城郭 有八街道 砌以金銀 樓閣殿堂 飛甍戶牖 欄楯莊飾 皆衆寶成 天香寶樹 隨處行列 於其枝上 掛以天繪 復有寶鈴 處處垂下 微風吹動 出妙音聲 演暢無常苦空無我 衆生聞者 捨離欲纏 習氣漸除 證甚深定

天妙香華 繽紛而下 於其四面 有八浴池 底布金沙 香水彌滿

曼殊室利 於彼佛土 無諸惡趣 亦無女人 蓮華化生 無復煩惱 彼佛如來 行菩薩道時 發四大願 云何爲四

第一大願 願我來世 得菩提時 若有衆生 生邪見家 於佛法僧 不

生淨信 遠離無上菩提之心 若聞我名 至心稱念 由是力故 無明邪慧 日夜消除 於三寶所 深生正信 不復退轉 乃至菩提

第二大願 願我來世 得菩提時 若有衆生 生在邊地 由近惡友 造衆罪業 不修善品 三寶名字 曾不經耳 命終之後 墮三惡趣 彼諸衆生 暫聞我名 由是力故 業障消除 遇善知識 不墮惡趣 乃至菩提

第三大願 願我來世 得菩提時 若有衆生 衣服飮食 臥具醫藥 資生所須 悉皆乏少 由此因緣 生大憂苦 爲求覓故 造衆惡業 若聞我名 至心稱念 由是力故 有所乏少 隨念皆得 乃至菩提

第四大願 願我來世 得菩提時 若有衆生 由先惡業 共相鬪諍 作不饒益 弓箭刀仗 互爲傷損 若聞我名 至心稱念 由是力故 各起慈心 不相想害 不善之念 尚自不生 況於前人 欲斷其命 常行喜捨 乃至菩提

曼殊室利 是爲彼佛如來 應正等覺 行菩薩道時 所發四種 微妙大願

若有淨信 男子女人 聞彼佛名 至心禮敬 慇懃供養 受持念誦 業

障消滅 得不退轉 菩提之心 具宿命智 所生之處 常得見佛 無病長壽 命終之後 生彼國中 衣服飮食 資生之具 隨念皆至 無所乏少

曼殊室利 彼佛世尊 具足如是 無量功德 是故衆生 常當憶念 勿令忘失

復次 曼殊室利 東方去此過 九殑伽河沙佛土 有世界 名曰善住寶海 佛號 法海勝慧遊戱神通如來 應正等覺 現在說法 曼殊室利 彼佛如來 行菩薩道時 發四大願 云何爲四

第一大願 願我來世 得菩提時 若有衆生 造衆惡業 種植耕耘 損諸生命 或復興易 斯誑他人 戰陣兵戈 常爲殺害 若聞我名 至心稱念 由是力故 資生之具 不假營求 隨心滿足 常修衆善 乃至菩提

第二大願 願我來世 得菩提時 若有衆生 造十惡業 殺生等罪 由此因緣 當墮地獄 若聞我名 至心稱念 於十善道 皆得成就 不墮惡趣 乃至菩提

第三大願 願我來世 得菩提時 若有衆生 不得自在 繫屬於他 或被禁繫 杻械枷鎖 鞭杖苦楚 乃至極刑 若聞我名 至心稱念 由是力故 所有厄難 皆得解脫 乃至菩提

第四大願 願我來世 得菩提時 若有衆生 造衆惡業 不信三寶 隨虛妄見 棄背正理 愛樂邪徒 謗毀佛經 言非聖說 外道典籍 恭敬受持 自作教人 俱生迷惑 當墮地獄 無有出期 設得爲人 生八難處 遠離正道 盲無慧目 如是之人 若聞我名 至心稱念 由是力故 臨命終時 正念現前 解脫衆難 常生中國 受勝妙樂 乃至菩提

曼殊室利 是爲彼佛如來 應正等覺 行菩薩道時 所發四種 微妙大願

曼殊室利 彼佛國土 功德莊嚴 與上妙寶如來世界 等無有異

復次 曼殊室利 東方去此過 十殑伽河沙佛土 有世界 名淨瑠璃 佛號 藥師瑠璃光如來 應正等覺

曼殊室利 彼佛世尊 從初發心 行菩薩道時 發十二大願 云何十二

第一大願 願我來世 得佛菩提時 自身光明 照無邊界 三十二相 八十隨形好 莊嚴其身 令諸有情 如我無異

第二大願 願我來世 得菩提時 身如瑠璃 內外清徹 光明廣大 遍滿諸方 焰網莊嚴 過於日月 鐵圍中間 幽冥之處 互得相見 或於此界 暗夜遊行 斯等衆生 見我光明 悉蒙開曉 隨作衆事

第三大願 願我來世 得菩提時 以無量無邊 智慧方便 令諸有情 所受用物 皆得無盡

第四大願 願我來世 得菩提時 若諸有情 行邪道者 悉令遊履 菩提正路 若行聲聞 獨覺乘者 亦令安住 大乘法中

第五大願 願我來世 得菩提時 若諸有情 於我法中 修行梵行 一切皆令 得不缺戒 善防三業 無有毀犯 墮惡趣者 設有毀犯 聞我名已 專念受持 至心發露 還得清淨 乃至菩提

第六大願 願我來世 得菩提時 若諸有情 諸根不具 醜陋頑愚 聾盲瘖瘂 攣躄背傴 白癩癲狂 種種病苦之所纏逼 若聞我名 至心稱念 皆得端嚴 衆病除愈

第七大願 願我來世 得菩提時 若諸有情 貧窮困苦 無有歸趣 衆病所逼 無藥無醫 暫聞我名 衆病消散 眷屬增盛 資財無乏 身心安樂 乃至菩提

第八大願 願我來世 得菩提時 若有女人 爲女衆苦之所逼切 極生厭離 願捨女身 若聞我名 至心稱念 即於現身 轉成男子 具丈夫相 乃至菩提

第九大願 願我來世 得菩提時 令諸有情 出魔羅網 復有種種 邪見之徒 皆當攝受 令生正見 漸令修習 諸菩薩行 乃至菩提

第十大願 願我來世 得菩提時 若諸有情 王法所拘 幽禁牢獄 枷鎖鞭撻 乃至極刑 復有衆多 苦楚之事 逼切憂惱 無暫樂時 若聞我名 以我福德 威神力故 皆得解脱 一切憂苦 乃至菩提

第十一大願 願我來世 得菩提時 若諸有情 飢火所惱 爲求食故 造諸惡業 若聞我名 至心稱念 我當先與 上妙飲食 隨意飽滿 復以法味 令住安樂 乃至菩提

第十二大願 願我來世 得菩提時 若諸有情 身無衣服 蚊蝱寒熱之所逼惱 若聞我名 至心稱念 隨其所好 即得種種上妙衣服 寶

莊嚴具 伎樂香華 皆令豊足 無諸苦惱 乃至菩提

曼殊室利 是爲藥師瑠璃光如來 應正等覺 行菩薩道時 所發十二微妙上願

藥師瑠璃光七佛本願功德經（卷下）

唐 三藏法師 義淨 奉詔譯

爾時 佛告曼殊室利

彼藥師瑠璃光如來 行菩薩道時 所發大願 及彼佛土 功德莊嚴 我於一切 若過一劫 說不能盡 然彼佛土 純一清淨 無諸欲染 亦無女人 及三惡趣 苦惱之聲 以淨瑠璃 而爲其地 城闕宮殿 及諸廊宇 軒牕羅網 皆七寶成 亦如西方 極樂世界 功德莊嚴

於彼國中 有二菩薩 一名日光 遍照 二名月光遍照 於彼無量菩薩眾中 而爲上首 能持彼佛正法寶藏 是故 曼殊室利 若有淨信男子女人 應當願生 彼佛世界

復次 曼殊室利 若有眾生 不識善惡 唯懷貪惜 不知惠施 及施果報 愚癡少智 無有信心 多畜珍財 勤勞守護 見乞者來 心生不喜 設不獲已 行惠施時 如割身肉 深生悋惜

復有無量 慳貪有情 積集資財 然於自身 尚不能用 況當供給 父母妻子 奴婢僕使 及來乞者

彼諸有情 從此命終 生餓鬼中 或旁生趣 由昔人間 曾聞藥師瑠璃光如來 名故 雖在惡趣 還得憶念 彼如來名 即於彼沒 生在人中 得宿命念 畏惡趣苦 不樂欲樂 好行惠施 讚歎施者 所有財物 無慳悋心 漸次尚能以頭目手足 血肉身分 施來求者 況餘財物

復次 曼殊室利 若復有人 歸依世尊 受諸學處 而破戒破威儀 及壞正見 設有持戒正見 不求多聞 於佛所說 契經深義 不能解了 雖有多聞 而懷憍慢 由慢心故 自是非他 嫌謗正法 爲魔伴黨

如是愚人 自行邪見 復令無量百千俱胝有情 墮大險坑

此諸有情 墮於地獄 傍生 鬼趣 若曾聞此藥師瑠璃光如來 名號 由彼如來 本願威力 於地獄中 憶佛名號 從彼命盡 還生人間 正見精進 意樂調善

捨俗出家 於佛法中 受持學處 無有毀犯 正見多聞 解甚深義 離於憍慢 不謗正法 不爲魔伴 漸次修行 諸菩薩行 乃至菩提

復次 曼殊室利 若諸有情 慳貪嫉妬 造諸惡業 自讚毀他 命終當墮 三惡趣中 無量千歲 受諸劇苦 從彼終已 來生人間 或作牛馬駝驢之屬 恒被鞭撻 飢渴纏心 身常負重 困苦疲極 若得爲人生居下賤 奴婢僕使 被他驅役 恒不自在 由昔人中 曾聞藥師 瑠璃光如來名號 彼善根力 今復憶念 至心歸依 以佛神力 衆苦解脫 諸根聰利 智慧多聞 恒求勝法 常遇善友 永斷魔怨 破無明殼 竭煩惱河 解脫一切 生老病死 憂悲苦惱 乃至菩提

復次 曼殊室利 若諸有情 好喜乖離 更相鬪訟 惱亂自他 以身語意 造諸惡業 展轉常爲 不饒益事 互相謀害 告召山林 樹塚等神 殺諸衆生 取其血肉 祭祀藥叉 羅刹神等 書怨人名 或作形像 以惡呪術 而呪詛之 厭媚蠱道 呪起死屍 令斷彼命 及壞其身

是諸有情 若得聞此藥師瑠璃光如來名號 彼諸惡緣 悉不能害 一切展轉 皆起慈悲 利益安樂 無損惱意 及嫌恨心 於自所有 常生喜足

復次 曼殊室利 若有四衆 苾芻苾芻尼 近事男近事女 及餘淨信男子女人 若能受持 八支齋戒 或經一年 或復三月 受持學處 以

약사경

此善根 願生西方 極樂世界 見無量壽佛 若聞藥師瑠璃光如來
名號 臨命終時 有八菩薩 乘神通來 示其去處 即於彼界 種種雜
色 衆寶華中 自然化生

或有因此 生於天上 雖生天中 而昔善根 亦不窮盡 不復更生 諸
餘惡趣 天上壽盡 還生人間 或爲輪王 統攝四洲 威德自在 勸化
無量 百千有情 於十善道 令其修習

或生刹帝 利婆羅門 居士貴族 多饒財寶 倉庫盈溢 形相端嚴 眷
屬隆盛 聰明智慧 勇健盛猛 有大身力

若是女人 得聞藥師瑠璃光如來名號 至心受持 於後不復 更受
女身

復次 曼殊室利 彼藥師瑠璃光如來 得菩提時 由本願力 觀諸有
情 遇衆病苦 瘦瘧乾消 黃熱等病 或被魘魅 蠱道所中 或復短命
或時橫死 欲令是等 病苦消除 所求願滿

時彼世尊 入三摩地 名曰滅除 一切衆生苦惱

既入定已 於肉髻中 出大光明 光中演說 大陀羅尼呪曰

"南謨薄伽伐帝 鞋殺社窶嚕 薜瑠璃鉢喇婆曷囉闍也 呾他揭多也 呵囉㗇帝 三藐三勃陀也 呾姪他唵 鞞殺逝鞞殺逝 鞞殺社三沒揭帝 莎訶"

爾時光中 說此呪已 大地震動 放大光明 一切眾病 苦惱皆除 受安穩樂

曼殊室利 若見男子女人 有病苦者 應當一心 為彼病人 清淨澡漱 或食或藥 或無蟲水 呪一百八遍 與彼服食 所有病苦 悉皆消滅

若有所求 至心念誦 皆得如意 無病延年 命終之後 生彼世界 得不退轉 乃至菩提

是故 曼殊室利 若有男子女人 於彼藥師瑠璃光如來 至心慇重 恭敬供養者 常持此呪 勿令廢忘

復次 曼殊室利 若有淨信男子女人 得聞如上 七佛如來 應正等

覺 所有名號 聞已誦持 晨嚼齒木 澡漱清淨 以諸香華 末香燒香 塗香 作衆技樂 供養形像 於此經典 若自書 若敎人書 一心受持 聽聞其義 於彼法師 應修供養 一切所有 資身之具 悉皆施與 勿令乏少 如是便蒙 諸佛護念 所求願滿 乃至菩提

爾時 曼殊室利童子 白佛言

世尊 我於末法之時 誓以種種方便 令諸淨信 男子女人 得聞七佛如來名號 乃至睡中 亦以佛名 令其覺悟

世尊 若於此經 受持讀誦 或復爲他 演說開示 若自書 若敎人書 恭敬尊重 以種種華 塗香 末香 燒香 華鬘瓔珞 旛蓋妓樂 而爲供養 以五色繒綵 而裹囊之 灑掃淨處 置高座上 是時 四大天王 與其眷屬 及與無量 百千天衆 皆詣其所 供養守護

世尊 若此經寶 流行之處 及受持者 以彼七佛如來 本願功德 及聞名號 威神之力 當知是處 無復橫死 亦復不爲 諸惡鬼神 奪其精氣 設已奪者 還得如故 身心安樂

佛告 曼殊室利 如是如是 如汝所說 曼殊室利 若有淨信 男子女人 欲供養彼七如來者 應先敬造 七佛形像 安在清淨 上妙之座 散華燒香 以諸幢幡 莊嚴其處 七日七夜 受八戒齋 食清淨食 澡浴身體 著新淨衣 心無垢濁 亦無恚害 於諸有情 常起利樂 慈悲喜捨 平等之心 鼓樂絃歌 稱讚功德 右遶佛像 念彼如來 所有本願 讀誦此經 思惟其義 演說開示 隨其所願 求長壽得長壽 求富饒得富饒 求官位得官位 求男女得男女 一切皆遂

若復有人 忽得惡夢 見諸惡相 或怪鳥來集 或於其家 百怪出現 此人 若以衆妙資具 恭敬供養 彼諸佛者 惡夢惡相 諸不吉祥 悉皆隱沒 不能爲患 或有水火刀毒 懸崖險道 惡象師子 虎狼熊羆 蛇蝎蜈蚣 如是等怖 若能至心 憶念彼佛 恭敬供養 一切怖畏 皆得解脫 若他國侵擾 盜賊反亂 憶念恭敬 彼如來者 所有怨敵 悉皆退散

復次 曼殊室利 若有淨信 男子女人等 乃至盡形 不事餘天 唯當一心 歸佛法僧 受持禁戒 若五戒十戒 菩薩四百戒 苾芻二百五十戒 苾芻尼五百戒 於諸戒中 或有毀犯 怖墮惡趣 若能專念 彼佛名號 恭敬供養者 必定不生 三惡趣中

或有女人 臨當産時 受於極苦 若能至心 稱名禮讚 恭敬供養 七

약사경

佛如來 衆苦皆除 所生之子 顏貌端正 見者歡喜 利根聰明 少病安樂 無有非人 奪其精氣

爾時世尊 告阿難言

如我稱揚 彼七如來 名號功德 此是諸佛 甚深境界 難可了知 汝勿生疑

阿難白言

世尊 我於如來所說契經 深義 不生疑惑 所以者何 一切如來 身語意業 皆無虛妄

世尊 此日月輪 可使墮落 妙高山王 可使傾動 諸佛所言 終無有異

世尊 然有衆生 信根不具 聞說諸佛 甚深境界 作是思惟

云何但念 七佛名號 便獲爾所功德勝利 由此不信 便生誹謗 彼於長夜 失大利樂 墮諸惡趣

佛告阿難

彼諸有情 若得耳聞 諸佛名號 墮惡趣者 無有是處 唯除定業 不可轉者

阿難 此是諸佛 甚深境界 難可信解 汝能信受 當知皆是 如來威力

阿難 一切聲聞 獨覺等 皆不能知 唯除一生補處菩薩

阿難 人身難得 於三寶中 信敬尊重 亦難可得 得聞七佛如來名號 復難於是

阿難 彼諸如來 無量菩薩行 無量巧方便 無量廣大願 如是行願善巧方便 我若一劫 若過一劫 說不能盡

爾時衆中 有一菩薩摩訶薩 名曰救脫 即從座起 偏袒右肩 右膝著地 合掌向佛 白言

世尊 於後末世 像法起時 若有衆生 爲諸病苦之所逼惱 身形羸

약사경

瘦 不能飮食 喉脣乾燥 目視皆暗 死相現前 父母親屬 朋友知識 啼泣圍繞 身臥本處 見彼琰魔法王之使 引其神識 將至王所然 諸有情 有俱生神 隨其所作善惡之業 悉皆記錄 授與彼王 王卽依法 問其所作 隨彼罪福 而處斷之

是時病人 親屬知識 若能爲彼 歸依諸佛 種種莊嚴 如法供養 而彼神識 或經七日 或二七日 乃至七七日 如從夢覺 復本精神 皆自憶知 善不善業 所得果報 由自證見 業報不虛 乃至命難 亦不造惡

是故淨信男子女人 皆應受持 七佛名號 隨力所能 恭敬供養

爾時 具壽阿難 問救脫菩薩曰 善男子 恭敬供養 彼七如來 其法云何

救脫菩薩言

大德 若有病人 及餘災厄 欲令脫者 當爲其人 七日七夜 持八戒齋 應以飮食 及餘資具 隨其所有 供佛及僧 晝夜六時 恭敬禮拜 七佛如來 讀誦此經 四十九遍 然四十九燈 造彼如來形像七軀一

一像前 各置七燈 其七燈狀 圓若車輪 乃至四十九夜 光明不絕 造雜綵旛 四十九首 并一長旛四十九尺 放四十九生 如是即能 離諸厄難 不爲諸橫惡鬼所持

大德阿難 是爲供養如來法式

若有於此七佛之中 隨其一佛 稱名供養者 皆得如是 無量功德 所求願滿 何況盡能 具足供養

復次 大德阿難 若刹帝利 灌頂王等 災難起時 所謂人衆疾疫難 他國侵逼難 自界叛逆難 星宿變怪難 日月薄蝕難 非時風雨難 過時不雨難

彼刹帝利 灌頂王等 爾時當於一切有情 起慈悲心 放大恩赦 脱諸幽厄 苦惱衆生 如前法式 供養諸佛 由此善根 及彼如來 本願力故 令其國界 即得安穩 風雨順時 穀稼成熟 國內衆生 無病安樂 又無暴惡 藥叉等神 共相惱亂 一切惡相 悉皆隱沒 而刹帝利 灌頂王等 皆得增益 壽命色力 無病自在

大德阿難 若帝後妃主 儲君王子 大臣輔相 宮中婇女 百官黎庶

약사경

爲病所苦 及餘厄難 亦應敬造七佛形像 讀誦此經 然燈造旛 放諸生命 至誠供養 燒香散華 即得病苦銷除 解脫衆難

爾時 具壽阿難 問救脫菩薩言 善男子 云何已盡之命 而可增益

救脫菩薩言 大德仁豈不聞 如來說有 九橫死耶 由是 世尊 爲說呪藥 隨事救療 然燈造旛 修諸福業 以修福故 得延壽命

阿難問言 九橫云何

救脫菩薩言 一者 若諸有情 得病雖輕 然無醫藥 及看病者 設復遇醫 不授其藥 實不應死 而便橫死 又信世間邪魔外道 妖蘖之師 妄說禍福 便生恐動 心不自正 卜問吉凶 殺諸衆生 求神解奏 呼召魍魎 請福祈恩 欲冀延年 終不能得 愚迷倒見 遂令橫死入於地獄 無有出期

二者 橫爲王法之所誅戮

三者 畋獵嬉戲 躭婬嗜酒 放逸無度 橫爲非人 奪其精氣

四者 橫爲火焚

五者 橫爲水溺

六者 橫爲種種惡獸所噉

七者 橫墮山崖

八者 橫爲毒藥 魘禱呪詛 起屍鬼等之所中害

九者 飢渴所困 不得飮食 而便橫死

是爲如來 略說橫死 有此九種 其餘復有 無量諸橫 難可具說

復此 阿難 彼琰魔王 簿録世間 所有名籍 若諸有情 不孝五逆 毁辱三寶 壞君臣法 破於禁戒 琰魔法王 隨罪輕重 考而罰之

是故 我今勸諸有情 然燈造旛 放生修福 令度苦厄 不遭衆難

爾時衆中 有十二藥叉大將 俱在會坐 其名曰 宮略羅大將・跋折羅大將・迷企羅大將・頞儞羅大將・末儞羅大將・娑儞羅

大將・因陀羅大將・婆夷羅大將・簿呼羅大將・眞達羅大將・朱杜羅大將・毗羯羅大將

此十二藥叉大將 一一各有 七千藥叉 以爲眷屬 同時擧聲 白佛言

世尊 我等今者 蒙佛威力 得聞七佛如來名號 於諸惡趣 無復怖畏 我等相率 皆同一心 乃至盡形 歸佛法僧 誓當荷負 一切有情 爲作義利 饒益安樂 隨於何處 城邑聚落 空閑林中 若有此經 流布讀誦 或復受持 七佛名號 恭敬供養者 我等眷屬 衛護是人令脫衆難 所有願求 悉令滿足 或有疾厄 求度脫者 亦應讀誦此經 以五色縷 結我名字 得如願已 然後解結

爾時世尊 讚諸藥叉大將言

善哉善哉 大藥叉將 汝等念報 七佛如來恩德者 常應如是利益安樂 一切有情

爾時會中 有多天衆 智慧鮮少 作如是念

云何過是 殑伽河沙 諸佛世界 現在如來 暫聞名者 便獲無邊 殊

勝功德

爾時釋迦牟尼如來 知諸天衆心之所念 即入 驚召一切如來甚深妙定 纔入定已 一切三千大千世界 六種震動 雨天妙華 及天香末

彼七如來 見是相已 各從其國 來至索訶世界 與釋迦如來 共相問訊

時佛世尊 由其先世 本願力故 各各自於 天寶莊嚴 師子座上 隨處安坐 諸菩薩衆 天龍八部 人非人等 國王王子 中宮妃主 并諸大臣 婆羅門 長者居士 前後圍繞 而爲說法

時諸天衆 見彼如來 皆已雲集 生大希有 疑惑便除

時諸大衆 歎未曾有 同聲讚言

善哉善哉 釋迦如來 饒益我等 爲除疑念 令彼如來 皆至於此

時諸大衆 各隨自力 以妙香華 及衆瓔珞 諸天妓樂 供養如來 右繞七帀 合掌禮敬 讚言

希有希有 諸佛如來 甚深境界 不可思議

由先願力 善巧方便 共現如是 奇異之相

爾時大衆各各發願 願諸衆生 皆得如是 如來勝定

爾時曼殊室利 即從座起 合掌恭敬 繞佛七帀 禮雙足已 白言世尊

善哉善哉 如來定力 不可思議 由本願力 方便善巧 成就衆生

唯願爲說 大力神呪 能令來世 薄福衆生 病惱所纏 日月星辰 所有厄難 疫疾怨惡 及行險道 遭諸恐怖 爲作歸依 令得安穩 彼諸衆生 於此神呪 若自書 敎人書 受持讀誦 廣爲他說 常蒙諸佛之所護念 佛自現身 令願滿足 不墮惡趣 亦無橫死

時諸如來 讚曼殊室利言

善哉善哉 此是我等 威神之力 令汝勸請 哀愍衆生 離諸苦難 爲說神呪 汝應諦聽 善思念之 我當爲說

曼殊室利 有大神呪 名曰 如來定力瑠璃光 若有男子女人 書寫讀誦 恭敬供養 於諸含識 起大悲心 所有願求 皆得滿足 諸佛現身 而爲護念 離衆障惱 當生佛國

時七如來 以一音聲 即說呪曰

"呾姪他 具謎具謎 䁗尼謎膩咇 末底末底 馺頞怛他 揭多三摩地 頞提瑟恥帝 頞帝末帝 波例 波跛輸怛儞 薩婆波跛 那世也 敦睇 敦圖 嗢答謎 鳴謎矩謎 佛鐸器怛羅 鉢里輸怛儞 曇謎昵曇謎 謎嚕謎嚕 謎嚧尸朅囇 薩婆哥羅 蜜粟覩 尼婆喇儞 敦提蘇敦睇佛陀頞提 瑟佗泥娜 曷𭆂叉覩謎 薩婆提婆 三謎頞三謎 三曼捼 漢喃都謎 薩婆佛陀 菩提薩埵 苫謎苫謎 鉢喇苫曼覩謎 薩婆伊底隝波達婆 薩婆毗何大也 薩婆薩埵 難者晡嚂泥 晡嚂泥 晡嚂也謎 薩婆阿舍 薜琉璃也 鉢喇底婆細 薩婆波跛 差楊羯囇 莎訶"

爾時七佛 說此呪時 光明普照 大地震動 種種神變 一時俱現

時諸大衆 見此事已 各各隨力 以天香華 塗香末香 奉上彼佛 咸唱善哉 右繞七帀

彼佛世尊 同聲唱言

약사경

汝等一切 人天大衆 應如是知 若有善男子善女人 若王王子 妃後大臣 寮庶之類 若於此呪 受持讀誦 聽聞演說 以妙香華 供養經卷 著新淨衣 在清淨處 持八戒齋 於諸含識 常生慈愍 如是供養 得無量福

若復有人 有所祈願 應當造此七佛形像 可於淨處 以諸香華 懸繒旛蓋 上妙飮食 及諸妓樂 而爲供養 并復供養菩薩諸天 在佛像前 端坐誦呪 於七日中 持八戒齋 誦滿一千八遍 彼諸如來 及諸菩薩 悉皆護念 執金剛菩薩 并諸釋梵 四天王等 亦來擁衛 此人所有 五無間罪 一切業障 悉皆消滅 無病延年 亦無橫死 及諸疾疫 他方賊盜 欲求侵境 鬪諍戰陣 言訟讐隙 饑儉旱澇 如是等怖 一切皆除 共起慈心 猶如父母 有所願求 無不遂意

爾時執金剛菩薩 釋梵四天 從座而起 合掌恭敬 禮釋迦牟尼佛足 白言

世尊 我等大衆 皆已得聞 諸佛本願 殊勝功德 及見諸佛 慈悲至此 令我衆生 親承供養

世尊 若於其處 有此經典 及七佛名 陀羅尼法 流通供養 乃至書

寫 我等悉皆 承佛威力 即往其處 擁護於彼 國王大臣 城邑聚落 男子女人 勿令衆苦 及諸疾病之所惱亂 常得安穩 財食豐足 我等即是 報諸佛恩

世尊 我等親於佛前 自立要誓 若有淨信男子女人 憶念我者 應誦此呪

即說呪曰

"呾姪他 覀寠莫寠 呾羅寠 麽麽寠具曬 訶乎 醯末囉末囉末囉 緊樹曬布曬 莎訶"

若有淨信 男子女人 國王王子 大臣輔相 中宮婇女 誦七佛名 及此神呪 讀誦書寫 恭敬供養 現世皆得 無病長壽 離衆苦惱 不墮三途 得不退轉 乃至菩提

彼諸佛土 隨意受生 常見諸佛 得宿命智 念定總持 無不具足

若患鬼瘧等病 當書此呪 繫之肘後 病苦差已 置清淨處

爾時執金剛菩薩 詣七佛所 右繞三匝 各申禮敬 白言

世尊 惟願慈悲 護念於我 我今爲欲 饒益未來 男子女人 持是經者 我今更說 陀羅尼呪

時彼七佛 讚執金剛言

善哉善哉 執金剛我加護汝 可說神呪 爲護未來 持經之人 令無衆惱 所求滿足

時 執金剛菩薩 即說呪曰

"南麼馱多喃 三藐三佛陀 喃南麼薩婆跋折囉 達囉喃 呾姪他唵 跋折囉 跋折囉 莫訶跋折囉 跋折囉波捨 陀唎儞三麼 三麼 三曼頞 阿鉢唎底啾多跋折囉 苫麼苫麼 鉢囉苫曼覩謎 薩婆何大也 矩嚕矩嚕 薩婆羯麼 阿代唎挐 儞叉也 三麼也 末奴三末囉 簿伽畔跋折囉波儞薩婆 舍謎鉢哩 脯唎也 莎訶

世尊 若復有人 持七佛名 憶念彼佛 本願功德 并持此呪 讀誦演說 我令彼人 所願滿足 無所乏少

若欲見我 問善惡者 應當書寫此經 造七佛像 并執金剛菩薩像 皆於像身 安佛舍利 於此像前 如上所說 種種供養 禮拜旋繞 於

衆生處 起慈悲心 受八戒齋 日別三時 油浴清淨 三時衣別 從白月八日 至十五日 每日誦呪 一百八遍 心無散亂 我於夢中 即自現身 共爲言說 隨所求者 皆令滿足

時大會中 有諸菩薩 皆悉唱言

善哉善哉 執金剛 此陀羅尼 不可思議 實爲善說

時七如來 作如是語

我等護汝所說神呪 爲欲饒益 一切衆生 皆得安樂 所求願滿 不令此呪 隱沒於世

爾時七佛 告諸菩薩 釋梵四天王曰

我今以此神呪 付囑汝等 并此經卷 於未來世 後五百歲 法欲滅時 汝等皆應 護持是經

此經威神 利益甚多 能除衆罪 善願皆遂 勿於薄福衆生 誹謗正法 毀賢聖者 授與斯經 令法速滅

爾時東方七佛世尊 見此大衆 所作已辦 機緣滿足 無復疑心 各還本土 於其座上 忽然不現

爾時具壽阿難陀 即從座起 禮佛雙足 右膝著地 合掌恭敬 而白佛言

世尊 當何名此經 我等云何受持

佛告阿難陀

此經名爲 七佛如來 應正等覺 本願功德 殊勝莊嚴 亦名曼殊室利所問 亦名藥師瑠璃光如來本願功德 亦名執金剛菩薩發願要期 亦名淨除一切業障 亦名所有願求皆得圓滿 亦名十二大將發願護持 如是名字 汝當奉持

時薄伽梵 說是經已 諸大菩薩 及聲聞衆·天龍藥叉·健闥婆·阿蘇羅·揭路荼·緊那羅·莫呼洛伽·人非人等 一切大衆 聞佛所說 皆大歡喜 信受奉行

용어해설

用語解說

ㄱ

가루라|迦樓羅 범어 garuḍa. 금시조(金翅鳥)라 번역. 용을 잡아 먹는다는 조류(鳥類)의 왕

각도|覺道 바른 깨달음의 길. 또는 칠각지(七覺支)와 팔정도(八正道)
- **칠각지七覺支**:불도를 수행하는데 지혜로써 스스로 조절하는 7가지 법. 택법(擇法)·정진(精進)·희(喜)·경안(輕安)·염(念)·정(定)·행사(行捨)
- **팔정도八正道**:불교 수행의 중요한 종목으로서 중정(中正)·중도(中道)의 완전한 수행법. 정견(正見)·정사유(正思惟)·정어(正語)·정업(正業)·정명(正命)·정정진(正精進)·정념(正念)·정정(正定)의 8가지

겁|劫 범어 kalpa의 음역. 장시(長時)·대시(大時)라 번역. 헤아릴 수 없는 아득한 시간

과보|果報 사람이 짓는 선악(善惡)의 인업(因業)에 의하여 결과적으로 받는 고락(苦樂)의 갚음

구지|俱胝 범어 koṭi의 음역. 인도에서 쓰던 수량의 단위로서 억(億) 또는 일천만이라 함

근력|根力 불교 수행의 중요한 실천 덕목으로서 오근(五根)과 오력(五力)
- **오근五根**:신근(信根)·정진근(精進根)·염근(念根)·정근(定根)·

혜근(慧根)
- **오력五力**:신력(信力) · 정진력(精進力) · 염력(念力) · 정력(定力) · 혜력(慧力)

건달바|乾闥婆 범어 gandharva의 음역. 향기만을 찾아 다닌다 하여 심향신(尋香神)이라 번역. 또는 노래하고 춤추는 음악신(音樂神) 팔부중(八部衆)의 하나

긴나라|緊那羅 범어 kiṃnara의 음역. 춤추고 노래를 일삼은 음악신(音樂神)으로서 흔히 건달바(乾闥婆)와 더불어 건달바가 속악(俗樂)을 노래하는데 반하여 법악(法樂)을 노래한다 함. 팔부중(八部衆)의 하나

ㄷ

다라니|陀羅尼 범어 dhāraṇī의 음역. 총지(總持)라 번역하여 모든 악한 법을 버리고 한량없이 좋은 법을 간직하는 것. 또는 범어(梵語)로 된 주문(呪文)을 말하기도 함. 신주(神呪)

당번|幢幡 불전(佛殿)을 장엄하는 깃발. 당(幢)은 간두(竿頭)에 용머리 모양을 만들고 비단폭을 단 것. 번(幡)은 여러 의미를 본떠서 만든 깃발. 지금은 당과 번을 하나로 만들어서 장엄으로 달아 놓는다

대덕|大德 지혜와 덕망이 높은 스님

대승|大乘 범어 mahāyāna의 한역. 소승(小乘)의 반대. 교리나 그 이상·목적이 모두 크고 깊어서 바로 성불(成佛)에 이르게 하는 가르침. 또는 대승법을 수행할 만한 큰 근기를 말함

도향|塗香 몸에 바르는 향료

독각|獨覺 연각(緣覺)이라고도 함. 부처님 없는 세상에 나서 다른 이의 가르침을 받지 않고 혼자 수행하여 깨달은 이

등정각|等正覺 부처님 십호(十號)의 하나. 부처님은 평등한 바른 도리를 깨달았으므로 이렇게 말함

마니|摩尼 범어 maṇi의 음역. 보주(寶珠)혹은 여의주(如意珠)를 말함. 이 구슬은 용왕의 뇌속에서 나온 것이라 하며, 사람이 이 구슬을 가지면 독(毒)이 해칠 수 없고 불에 들어가도 타지 않는 공덕이 있으며 모든 일이 마음대로 된다고 함

마후라가|摩睺羅迦 범어 Mahoraga. 팔부중(八部衆)의 하나. 몸은 사람과 같고 머리는 뱀으로서 용의 무리에 딸린 악신(樂神)

말향|抹香 가루로 된 향의 총칭

명행족|明行足 부처님 십호(十號)의 하나. 명(明)은 숙명(宿命)·천안(天眼)·누진(漏盡)의 삼명(三明). 족(足)은 만족이니 삼명(三明)과 삼업(三業)을 원만히 갖추었으므로 명행족(明行足)이라 함

무간죄|無間罪 무간지옥에 떨어질 오역죄(五逆罪).
①아버지를 살해 ②어머니를 살해 ③성인을 살해 ④화합한 승단을 깨뜨림 ⑤부처님을 상해(傷害)

무량수 부처님 극락세계의 교주이신 아미타불을 말함. 이 부처님의 수명이 한량이 없어 영생(永生)하므로 무량수불(無量壽佛) 곧 무량수 부처님이라 함. 그러나 본질적으로 말하면 자성미타(自性彌陀)라 하여 일체만유의 근본체성(体性)을 인격화한 부처님을 의미함

무명|無明 진리를 알지 못하는 일체 번뇌를 말함

무상사|無上士 부처님 십호(十號)의 하나. 부처님은 일체 유정(有情) 가운데 가장 높아서 위가 없는 대사(大士)라는 뜻

문수사리|文殊師利 범어 Mañjuśrī. 보현보살과 짝하여 석가모니불의 왼쪽 보처(補處) 보살로서 지혜를 맡음

ㅂ

바라문|婆羅門 범어 brāhmaṇa의 음역. 인도 사성(四姓)계급의 최고 지위에 있는 종족으로 승려의 계급

방생|放生 다른 이가 잡은 물고기·새·짐승 등 산 것들을 사서, 산에나 물에 놓아 살려주는 일

방자 귀신에게 남이 못되기를 빌어 재앙이 내리게 하는 짓. 곧 저주(詛呪)와 비슷함

범천|梵天 색계(色界)의 초선천(初禪天). 이 천상은 욕계의 일체 욕망을 여의어서 항상 청정하고 조용하므로 범천이라 함

보리|菩提 범어 bodhi의 음역. 도(道)·지(智)·각(覺)등으로 번역. 2종(二種)이 있음. ①불교 최고의 이상인 바른 깨달음 ②바른 깨달음을 얻기 위하여 닦는 바른 가르침

보리심|菩提心 위로는 바른 깨달음을 구하고 아래로는 중생을 교화하려는 마음

보살|菩薩 범어 bodhisatta의 음역 보리(菩提)살타(菩提薩埵)라고도 함. 범어 bodhisattva의 준말. 성불하기 위하여 수행에 힘쓰는 이의 총칭

보살도|菩薩道 성불을 목적한 보살이 닦는 길로서 자리(自利)와 이타(利他)의 수행을 완비한 육도(六度)등의 행(行)
- 육도六度:육바라밀(六波羅蜜)이라고도 하는데, 보시(布施)·지계(持戒)·인욕(忍辱)·정진(精進)·선정(禪定)·지혜(智慧)

보처|補處 갖추어 말하면 일생보처(一生補處). 장차 부처가 될 후보자. 보살의 수행이 점점 나아가 최후에 도달한 보살로서 보살의 마지막 자리. 그들은 일생(一生)만 지내면 바로 성불하게 되므로 일생보처라 함

불퇴|不退 불퇴전(不退轉)이라고도 한다. 한번 도달한 수행의 경계로 부터 뒤로 물러나지 않는것. 그 지위를 불퇴위(不退位)라고 함

비인|非人 인간이 아닌 천(天)·용(龍)·야차(夜叉)·귀신(鬼神) 따위

ㅅ

사리|舍利 범어 śarīra 의 음역. 신골(身骨)·또는 영골(靈骨)이라 번역. 한량없는 육바라밀 공덕으로 생기며, 또는 계(戒)·정(定)·혜(慧) 삼학(三學)의 훈수(熏修)로써 생기는 구슬 모양으로 된 것을 말하는데 매우 얻기 어렵고 제일가는 복전(福田)이 됨(금강명경). 이러한 사리를 생신(生身)사리라 함에 대하여 부처님의 일체 법문을 법신(法身)사리라 함. 그래서 탑(塔)이나 불상(佛像)등에 생신사리를 모시지 못할 경우에는 법신사리를 대신 모시는데, 대승 경전을 모

시기도 하고 다만 법신게(法身偈) 곧 법신사리게(法身舍利偈)를 모시기도 함

- **법신게法身偈**:제법종연생(諸法從緣生), 역종인연멸(亦從因緣滅), 아사대성주(我師大聖主), 시아여시설(是我如是說)

사자좌|獅子座 부처님이 앉으시는 상좌(牀座). 부처님은 인간에서 가장 존귀하신 분이므로 사자에 비유. 혹은 설법할 때 쓰는 높고도 큰 상을 말함.

사천왕|四天王 욕계(欲界) 육천(六天)의 제일인 사왕천(四王天)의 주(主)로서 ①지국천왕(동) ②증장천왕(남) ③광목천왕(서) ④다문천왕(북)

삼마지|三摩地 범어 samādhi의 음역. 정(定)이라 번역. 마음을 한곳에 모아 산란치 않게 하는 정신작용

삼보|三寶 불보(佛寶)·법보(法寶)·승보(僧寶). ①불보(佛寶):진리를 원만히 깨달으신 모든 부처님. 또는 진리자체 ②법보(法寶):부처님이 말씀하신 교법 ③승보(僧寶):교법대로 수행하는 이

삼십이상|三十二相 부처님 몸에 갖춘 삼십이의 대인상(大人相)을 말함. 이 상(相)을 갖춘 이는 세속에 있으면 전륜왕(轉輪王)이 되고 출가하면 부처님이 된다고 함

삼천대천세계|三千大千世界 수미산(須彌山)을 중심으로 하여 칠산팔해(七山八海)가 서로 번갈아 둘러 있고 다시 철위산(鐵圍山)으로써 외곽(外郭)으로 하는 범위의 세계를 일소세계(一小世界)라 하고,

이를 천배 합함을 소천(小千)세계, 또 이를 천배 합함을 중천(中千) 세계, 다시 이를 천배 합함을 대천(大千)세계라 함. 곧 대천세계는 1,000,000,000(십억)세계이다. 삼천대천세계란 소천과 중천과 대천의 삼종으로 성립됨을 보일 뿐, 내용은 일대천세계이다. 이 광대무변한 세계를 일불교화(一佛敎化)의 범위라 함

삼십칠조도품|三十七助道品 열반의 이상경(理想境)에 나아가기 위하여 닦는 도행(道行)의 종류. 사념처(四念處)·사정근(四正勤)·사여의족(四如意足)·오력(五力)·칠각지(七覺支)·팔정도(八正道)

상법|像法 삼시(三時)의 하나. 정법(正法)시대와 비슷한 시기라는 뜻으로 부처님 멸도하신 후 오백년의 정법시기가 지난 뒤의 일천년 동안. 정법 때에는 교(敎)·행(行)·증(證)이 갖추어 있으나, 상법 때에는 교·행만 있다고 함. 삼시 중 맨 나중의 말법(末法)시기는 일만년인데, 교·행·증 삼법 중 교(敎)만 있다고 함

선근|善根 온갖 선을 내는 근본이란 뜻으로서 무탐(無貪)·무진(無嗔)·무치(無痴)를 삼선근이라 함

선서|善逝 부처님 십호(十號)의 하나. 부처님은 여실히 생사(生死)의 피안에 가서 다시 생사해(生死海)에 빠지지 않기 때문에 이렇게 이름

선정|禪定 진정한 이치를 사유(思惟)하고, 생각을 고요히 하여 마음을 안락 자재한 경계에 머물게 하는 것

성문|聲聞 부처님의 직접 제자를 말하는 경우도 있고 또는 부처님의

교법에 의하여 수행하는 근기가 낮은 소승(小乘)을 말하기도 함

세간해|世間解 부처님 십호(十號)의 하나. 부처님은 일체세간의 온갖 일을 다 아신다는 뜻으로 이렇게 이름

세존|世尊 부처님 십호(十號)의 하나. 부처님은 모든 공덕을 원만히 갖추어 일체세간을 이익케 하며, 세간에서 가장 존귀하시므로 이렇게 이름. 특히 석존을 말하기도 함

소향|燒香 향을 태워 공양함. 또는 도향(塗香:바르는 향), 말향(抹香:가루향)에 대하여 선향(線香)을 말하기도 함

습기|習氣 번뇌의 본체를 정사(正使)라 함에 대하여 습관의 기분으로 남는 것을 습기라 함. 향 담았던 그릇은 향을 비웠어도 오히려 향기가 남아 있는 것과 같은 따위. 또는 번뇌 종자의 다른 이름

신근|信根 불·법·승 삼보와 고(苦)·집(集)·멸(滅)·도(道)·사체(四諦)의 이치를 믿는 것. 또는 오근(五根)의 하나

신식|神識 중생의 심식(心識)은 영묘(靈妙)하고 부사의한 것이란 뜻으로 하는 말

신주|神呪 신험(神驗)을 나타내기 위하여 외우는 주문. 다라니를 말하기도 함

십이야차대장|十二夜叉大將 약사여래(藥師如來)의 위신력을 받들어 불법(佛法)과 불법을 믿는 중생을 수호하는 열둘의 신장(神將)들

약사경

ㅇ

아수라|阿修羅 범어 asura의 음역. 육도(六道)의 하나. 싸우기를 잘하는 귀신

악도|惡道 악취(惡趣)라고도 함. 나쁜 일을 지은 탓으로 장차 태어날 나쁜 처소. 지옥(地獄)·아귀(餓鬼)·축생(畜生)의 삼악도(三惡道)가 있음

야차|夜叉 범어 yakṣa 의 음역. 팔부중(八部衆)의 하나. 나찰(羅刹)과 함께 비사문천왕의 권속으로 귀신의 무리. 허공(虛空)야차는 날아다니지만 지(地)야차는 날지 못한다

업|業 범어 karman 의 한역. 몸·입·뜻으로 짓는 말과 동작과 생각하는 것과 그 세력을 말함. 업을 짓는다는 것은 정신으로 생각하는 작용이 뜻을 결정하고 선악(善惡)을 짓게 하여 업이 생긴다

연각|緣覺 부처님의 교화에 의하지 않고 홀로 깨달아 자재경(自在境)에 도달한 성자. 독각(獨覺)또는 벽지불(辟支佛)이라고도 함

염라왕|閻邏王 범어 Yama-rāja의 한역. 귀신 세계의 수령으로서 사후(死後)의 유명계(幽冥界)를 지배하는 왕. 염마왕(閻魔王)이라고도 함

염부단금|閻浮檀金 염부나무 밑으로 흐르는 강에서 나는 사금이란

뜻으로 순금을 말함

염정|念定 염(念)은 정념(正念), 정(定)은 정정(正定)
- **정념正念**: 참된 지혜로 정도를 생각하여 삿된 생각이 없는 것
- **정정正定**: 참된 지혜로 산란한 생각을 여의고 몸과 마음을 고요히 하여 진리를 체증(體證)하는 것

영락|瓔珞 구슬을 꿰어 몸에 달아 장엄하는 기구

오역죄|五逆罪 오무간업(五無間業)이라고도 함
①아버지 살해 ②어머니 살해 ③성인살해 ④화합한 승단을 깨뜨림
⑤부처님께 상해(傷害)를 입힘

유순|由旬 범어 yjana의 음역. 인도의 거리단위로서 약 40리(16km)에 해당함

위신력|威神力 부처님과 보살이 갖춘 존엄하고 측량할 수 없는 부사의한 힘

응공|應供 부처님 십호(十號)의 하나. 온갖 번뇌를 끊어서 인간·천상의 중생들로 부터 공양을 받을만한 덕있는 이란 뜻으로 응공이라 이름

이승|二乘 이종의 교법. 보통 성문승(聲聞乘)과 연각승(緣覺乘)을 말함

ㅈ

전단향|栴檀香 인도의 남쪽 데칸 고원지방에서 나는 전단향나무의 가루로 만든 향으로서 향기가 좋음

정념|正念 사념(邪念)을 버리고 참된 지혜만을 생각하는 것

정정|正定 참된 지혜로 산란한 생각을 여의고 몸과 마음을 고요히 하여 진리를 체증(體證)하는 것

제석천|帝釋天 수미산의 꼭대기 도리천의 임금. 선견성(善見城)에 있어 사천왕과 삼십이천을 통솔하면서 불법(佛法)과 불법에 귀의하는 사람을 보호하며 아수라의 군대를 정벌(征伐)한다는 하늘 임금

조어사|調御士 보통 조어장부(調御丈夫)라 함. 부처님 십호(十號)의 하나. 부처님은 대자(大慈)·대비(大悲)·대지(大智)로써 중생에 대하여 부드러운 말·간절한 말, 또는 여러가지 방편을 써서 조복제어(調伏制御)하고 정도(正道)를 잃지 않게 하는 이라는 뜻

증득|證得 수행의 공을 쌓아서 일체의 미망(迷妄)을 여의고 진리를 체득함을 말함

집금강보살|執金剛菩薩 집금강신(執金剛神)의 존대말. 집금강역사(力士)라고도 하며 불교의 수호신으로 손에 금강저(金剛杵)를 가진 신장

ㅊ

찰제리|刹帝利 범어 kṣatriya의 음역. 인도 민족 사성급(四姓級)의 하나. 전쟁에 종사하고 관리가 되어 나라를 다스리는 종족. 또는 왕이 될 수 있으므로 왕족이라고도 함

철위산|鐵圍山 구산(九山) 가운데 가장 밖에 있는 산으로 금강산이라고도 함
- **구산九山**:일소세계(一小世界)를 구성한 산들로서 수미산을 중심으로 이를 둘러 있는 칠금산(七金山)과 철위산을 합하여 이름

청신녀|淸信女 범어 우바이(優婆夷 upāsikā)의 한역. 불교 교단 칠중(七衆)의 하나. 삼보(三寶)에 귀의하여 오계를 받아지키는 세속여자

청신사|淸信士 범어 우바새(優婆塞 upāsaka)의 한역. 불교교단 칠중의 하나로 삼보에 귀의하여 오계를 받아지키는 세속 남자. 거사(居士)·처사(處士)라고도 함

총지|總持 범어 dhāraṇī의 한역. 다라니(陀羅尼)와 같다. 한량없는 뜻을 포함하여 잃어지지 않게 하는 것. 또는 선법(善法)을 가져 잃지 않고 악법을 일어나지 않게 하는 것.

칠중|七衆 불제자를 7가지로 나눈 것. 비구·비구니·식차마나·사미·사미니·우바새·우바이. 앞 오중(五衆)은 출가중(出家衆), 뒤 이중(二衆)은 재가중(在家衆)

통할|統轄 모두 거느려서 관할함

ㅍ

파계|破戒 한번 계를 받은 사람이 신·구·의(身口意) 삼업(三業)을 조심하지 못하고, 계법에 위반되는 일이 있는 것

파려|玻瓈 파리(玻璃)라고도 함. 수정을 말하며 자색·무색·홍색· 푸른색의 네종이 있음

팔공덕|八功德 불국토의 못에 있는 팔공덕수(八功德水)를 말함. 팔종의 공덕을 갖추고있는 물로서 ①고요하고 깨끗함 ②차고 맑은 것 ③맛이 단것 ④입에 부드러운 것 ⑤윤택한 것 ⑥편안하고 화평한 것 ⑦기갈등의 한량없는 근심을 없애는 것 ⑧여러 근(根)을 장양(長養)하는 것

팔난|八難 부처님을 보고 법을 듣는데 8가지의 장난(障難)이 있음. ①지옥(地獄) ②아귀(餓鬼) ③축생(畜生) ④장수천(長壽天) ⑤울단월(鬱單越) ⑥농맹음아(聾盲瘖瘂) ⑦불전불후(佛前佛後) ⑧세지변총(世智辯聰)

팔부신중|八部神衆 또는 팔부중 혹은 천룡팔부(天龍八部)라고도 함. ①천중(天衆) ②용중(龍衆) ③야차(夜叉) ④건달바(乾闥婆) ⑤아수라(阿修羅) ⑥가루라(迦樓羅)·금시조(金翅鳥) ⑦긴나라(緊那羅) ⑧마후라가(摩睺羅迦)·지룡(地龍)

팔십종호|八十種好 팔십수형호(八十隨形好)라고도 함. 부처님의 몸에 갖추어진 미묘한 표상으로서 삼십이상(三十二相)에 따르는 팔십종의 잘생긴 모양. 삼십이상을 다시 세밀하게 나누어 놓은 것

팔재계|八齋戒 팔관재계(八關齋戒)라고도 함. 집에 있는 불제자가 하루 밤 하루 낮 동안 받아 지키는 계율. ①산 목숨을 죽이지 말라. ②훔치지 말라. ③음행(淫行)하지 말라. ④거짓말 하지말라. ⑤술 마시지 말라. ⑥꽃다발로 몸을 꾸미거나 향 바르고 노래하고 춤추지 말며, 가서 구경 하지도 말라. ⑦높고 넓은 큰 잘 꾸민 평상에 앉거나 눕지 말라. ⑧때아닌 적에 먹지말라. 곧 오후 불식(午後不食)을 말함

ㅎ

항하사|恒河沙 인도의 항하 곧 갠지스강의 모래 수와 같이 한량 없이 많은 수라는 뜻

호념|護念 모든 불·보살과 천신(天神)·귀신들이 선행(善行)을 닦는 중생에 대하여 온갖 마장을 없애고 옹호하며, 깊이 기억하여 버리지 않는 것

화생|化生 사생(四生)의 하나. 그 자체가 없고 의탁한 데 없이 홀연히 생겨남을 말함
- **사생四生**:태생(胎生)·난생(卵生)·습생(濕生)·화생(化生)

희유|稀有 고맙고도 드물게 있는 것이란 뜻. 아주 드물고 귀한 것

南無藥師瑠璃光七佛如來佛

나무 약사유리광칠불여래불